AUTOR & LAYOUT

RICHARD KAUFMANN

COVER

FABIAN GAMPP

ILLUSTRATION

EDWARD J BROWN

LEKTORAT

JONATHAN STEINKE & MARIANNE EPPELT

ISBN

978-3-949160-00-4

DRUCK

MEDIALIS BERLIN

2. Auflage Januar 2021

© VERLAG RAZ EL HANOUT

razelhanout.de

Landreisen

Reisen ohne Ziel

Vorwort

Wenn wir reisen, berichten wir später oft davon, dass die Menschen an unserem Reiseziel viel offener waren. Mit großen Augen erzählen wir von den wunderschönen Gebäuden, dem herrlichen Essen und den superfreundlichen Leuten. Nicht selten kommen wir ein wenig klüger wieder zurück, sind um ein paar Vorurteile ärmer und denken noch Monate oder Jahre später mit Wehmut an unsere Reise.

Dabei ist es selten so, dass die Menschen an dem anderen Ort zwangsläufig so viel offener sind, auch die Gebäude sind nicht immer schöner und das Essen in Restaurants ist nicht unbedingt so viel besser als dort, wo wir herkommen. Was sich wirklich ändert beim Reisen, das sind wir selbst. Befreit von unseren Alltagsroutinen, den Problemen und allem, was unsere Zeit in Anspruch nimmt, interessieren wir uns für unsere Umgebung und unsere Mitmenschen. Auf einmal sind sie nicht nur Hindernisse auf unserem Weg zur Arbeit, sondern aufregend.

In der Zeit, als dieses Buch entstand, befindet sich die ganze Welt im Würgegriff eines gefährlichen Virus. Das war gut für mich, denn sonst hätte ich es wohl niemals zustande gebracht, dieses Buch endlich fertig zu schreiben. Gut war das auch für einige der Orte, die wir sonst immer wieder bereisen.

Im April 2020 gingen Bilder von Venedig um die Welt: menschenleer, wo sich sonst Tausende tummeln. Das Wasser: kristallklar, sogar einige Fische trauten sich wieder in die Kanäle der prächtigen Stadt, die sich möglicherweise nur noch wenige Jahrzehnte über dem Wasserspiegel halten wird. Werden wir nach der Pandemie wieder reisen wie in den Jahren zuvor? Wir haben jetzt eine Gelegenheit, unsere Art und Weise des Reisens neu zu denken.

Auf einigen Reisen stellte ich fest, dass ich diesen Schalter, der uns im Urlaub offener und aufmerksamer macht, schon vor dem Erreichen meines Ziels umlegen konnte. Mit einem einfachen Trick: die Hinreise auf dem Landweg zu bestreiten. Am besten ging das für mich im Zug, denn dort musste ich nichts tun, als mich hinsetzen und dabei zusehen, wie am Fenster Häuser, Bäume und Wiesen vorbeiziehen. Bei weiten Zielen plante ich immer Zwischenstopps ein, Orte, die ich sonst vielleicht nie gesehen hätte. Irgendwann wurde es undeutlich, was überhaupt noch das Ziel ist, denn die besten Reisen waren am Ende immer die, bei der die Rückreise ebenfalls noch einmal eine andere Route nahm. Ein Kreislauf. Die Reisen auf dem Landweg folgen unserem eigenen Drehbuch, deswegen nenne ich sie Landreisen.

In den folgenden Kapiteln berichte ich von einigen dieser Abenteuer und denke gemeinsam mit dir darüber nach, wie wir in Zukunft reisen könnten. Am besten machst du dir jetzt eine Kanne Tee oder eine Flasche Wein auf, setzt dich in deinen Lieblingssessel und kommst noch einmal mit mir mit! Ich wünsche dir eine gute Reise.

Inhalt

Drei Tage
nach Marokko

Einhundert Euro und ein Ticket für die Rückreise. Ich schließe meine Augen. So war das nicht geplant. Eigentlich sollte auf meiner ersten großen Reise doch nichts schiefgehen! Zumindest nicht so früh. Ich bin gerade eben erst in Frankfurt am Main angekommen, nachdem ich fünf Stunden mit einer Mitfahrgelegenheit über die Autobahn gefahren bin. Am Frankfurter Hauptbahnhof hab ich etwas Zeit, um mir die Beine zu vertreten, bevor meine dreitägige nonstop-Busreise nach Fes im Norden Marokkos losgehen soll. Ich will mir was zu essen kaufen. Doch dann bemerke ich: Meine Kreditkarte fehlt!

Fuck. Ich habe diese verdammte Karte vergessen. Aus »Sicherheitsgründen« habe ich auch meine zweite Bankkarte zu Hause gelassen. Mit Absicht. Soll ja nichts wegkommen! Ich kann also nirgends Geld abheben. 100 Euro für drei Wochen sind alles, was ich habe. Hotels habe ich keine gebucht. Das Einzige, was nun »sicher« scheint, ist meine Zukunft als unbezahlter Gemüsehändler auf den Straßen Marokkos.

Was hättest du in einem solchen Moment getan?

Genau das habe ich auch gemacht. Erstmal zu Hause anrufen. »Ich habe meine Bankkarte verloren«, sage ich meiner Schwester. Jaja, ich weiß. Mir war es einfach zu peinlich, zuzugeben, dass ich das Wichtigste einfach vergessen hatte. Sie sagt, dass Vati nicht zu Hause ist. Vati, also mein Vater geht für sein Leben gern auf Reisen.

Meinen Plan, mit 19 Jahren, ohne Begleitung, nennenswerte Reiseerfahrung oder nachweisbare Französischkenntnisse nach Marokko zu reisen, goutierte er mit den Worten:

»In Ordnung, wird dich bestimmt um eine Erfahrung reicher machen.«

Meine Mutter war ungleich besorgter.

»Ich will gar nicht weiter drüber nachdenken«, waren ihre ernüchterten Worte an mich. Der Grund dafür sind Vorbelastungen durch meinen älteren Bruder, der mich überhaupt erst auf die Idee brachte, das alles hier zu tun. Der ist einmal mit einem alten Mercedes von Dresden nach Mauretanien gefahren. Allein. Er rief meine Mutter dann einmal kurz vor der Sahara an und gab ihr für alle Fälle das Kennzeichen von ein paar Typen durch, mit denen er dann gemeinsam die Wüste passieren würde.

Nun sind also beide Eltern nicht erreichbar und meine Schwester sagt am Telefon diesen Satz zu mir: »Richard, du wolltest doch ein Abenteuer. Fahr einfach los! Du wirst schon einen Weg finden.« Ich traue mich nicht, zu fragen, was für ein Weg das sein könnte. Dafür weiß ich nur zu gut, dass sie, genau wie ich, ohnehin keine Antwort hat.

Also begebe ich mich zur Bushaltestelle, von der aus die dreitägige Reise beginnen soll. Dort angekommen, bemerke ich: Es gibt tatsächlich keine einzige anderen mitfahrende Person, die nicht ganz offensichtlich aus Marokko stammt. Grund genug, dass eine Gruppe von jungen Typen mit Kippen im Mundwinkel am Rand mich anpfeift. Etwas irritiert sehe ich mich um.

»Wie – Ich?«

»Ja, komm doch mal kurz rüber. Wir haben eine Frage!« Aha. Ich bin zwar jung, naiv und kein besonders sicherer Typ, aber ich weiß: »Achtung Alter, das könnte ne linke Nummer werden.« In Situationen eigener Not wirst du in der Regel jedoch nicht wählerischer, sondern offener.

Wer reich ist, braucht keine Freunde. Nur bin ich alles andere als reich, also trete ich näher.

Die Gruppe besteht zudem nicht nur aus Marlboro-rauchenden Männern. Mit dabei sind auch ein paar Muttis mit Kopftuch, Opis mit Marlboros und sogar ein paar Kinder wuseln rum.

»Mein Bruder in Marokko braucht ein bisschen was, hier in dem Rucksack...«, sagt einer der etwas jüngeren Männer, und in meinem Kopf macht es: »Okay, das war's! Ich bin raus.« Aber der junge Typ um die Zwanzig mit einem Basecap auf dem Kopf erklärt sich.

»Schau mal, da sind Handys drin. Wenn ich das einem anderen Mitfahrenden gebe, kommt entweder die Hälfte nicht an, oder das ganze Ding wird ihm an der Grenze von den Bullen abgenommen.«

Ich komme ins Grübeln. Und frage dann:

»Kann ich mal reingucken?«

»Na klar! Da ist ja nichts Verbotenes drin. Wenn, dann würde das in die andere Richtung gehen! Hehe.«

Wir werfen uns gegenseitig ein dezentes Lächeln zu. Dann beginne ich mit meiner Untersuchung des kleinen, weißen Rucksacks und entdecke tatsächlich hauptsächlich Handys, ein paar Mützen und etwa zehn Packen Longpapers. »Na gut«, sage ich und werfe noch mal einen Blick in die Augen der Anwesenden. Mein Gefühl sagt mir, dass ich ihnen vertrauen kann.

Und meinen Vorschlag, den Rucksack für alle Fälle noch mal ganz tief in meiner riesigen Bergsteiger-Krackse zu verstauen, befindet die Gruppe einstimmig für eine gute Idee.

Der Deal ist gemacht.

Dank sei mir sicher, alles Weitere dann in drei Tagen.

Also steige ich ein. Der Busfahrer muss meinen verunsicherten Gesichtsausdruck wahrgenommen haben und nimmt mich direkt an den Arm, bevor ich mich selbst setzen kann.

»Ich hab' nen guten Platz für dich«, sagt er mir mit väterlichem Gesichtsausdruck. Keine Ahnung, was mich erwartet. Eine hübsche Frau? Ein paar coole Typen, mit denen ich in den Pausen rauchen kann? Nein. Eine deutsche Oma. Immerhin: Man kann in so einer Lage nicht genug neue Freunde haben.

Ich setzt mich neben die Dame, wir grüßen uns freundlich, aber distanziert. Sie ist wohl etwas erleichtert. Ich zugegebenermaßen auch; sie wird mich bestimmt verstehen! Klug genug bin ich trotzdem, ihr nicht sofort von meiner misslichen Lage zu erzählen. Drei Tage auf einer Sitzreihe eines gewöhnlichen Reisebusses mit einem Sitzabstand von genau fünf Zentimetern sollten doch genug sein, um Vertrauen zu fassen, denke ich mir. Vielleicht wird sie mir nach Ankunft ein paar Tage Unterschlupf gewähren?

Tatsächlich kommen wir sofort ins Gespräch. Sie erzählt mir davon, dass sie ein Haus in Marokko habe und dort gemeinsam mit ihrem Mann lebt. Sie war für ein paar Wochen in Frankfurt am Main, um nun wieder »runterzufahren« , wie sie sagt.

»Falls Sie sich fragen: Ich leide unter Flugangst.

Und warum reisen Sie mit dem Bus?«

»Ich will die Landschaft auf dem Weg sehen! Und, ähm... ja, ist so günstig mit dem Bus, nicht wahr...?«, antworte ich, im Wissen, dass beides nicht wirklich stimmt, jedenfalls glaube ich nicht so richtig daran.

Mein Bruder war es, der mir den Gedanken mit dem »Weg«
in den Kopf gesetzt hat. Ich fand das irgendwie plausibel und
habe vor vier Wochen diesen Bus gebucht. Ob der Flieger
wirklich teurer gewesen wäre, das habe ich noch nicht
einmal geprüft. Es ist nicht so, als hätte ich alles durchdacht
bei dieser Reise. Was bisher auch kein Problem gewesen ist.
Bis auf die Sache mit der Kreditkarte natürlich.

Irgendwann, es ist draußen bereits dunkel und der Bus
langsam, aber sicher auf dem Weg Richtung Frankreich,
erzähle ich ihr dann doch von meinen finanziellen Problemen.
Es ist der Moment, an dem sie ganz plötzlich müde wird.
Also, sie sagt das nicht so explizit. Ihre Augen schließen sich
einfach, das muss mir reichen. Ich muss wohl mal wieder zu
viel geredet haben. Es ist jedenfalls das letzte Mal, dass wir
uns während der weiteren zweieinhalb Tage nebeneinander
unterhalten haben.

Auf einer derart langen Busreise hat man sehr, sehr viel Zeit
zum Nachdenken. Irgendwann aber wird es langweilig, sich
Sorgen zu machen. Das merke ich schnell. Immer, wenn der
Bus irgendwo Stopp macht, vertrete ich mir dir Beine, wie
alle anderen auch. Ich kaufe ich mir einen kleinen Snack,
wissend, dass meine hundert Euro zumindest für die Hinreise ausreichen sollten.

Nach einigen dieser Stopps, der Bus hält exakt alle vier Stunden, komme ich mit ein paar Leuten ins Gespräch. Das Großartige an diesem Bus nach Marokko: Alle sprechen Deutsch! Ohne auch nur ein Wort von meinen Geldsorgen sacke ich reihenweise Einladungen ein. Ungefragt. Es wirkt fast so, als wären hier alle ziemlich stolz, dass ich ihr Land besuchen will.

Asif etwa wohnt in Essaouira, er gibt mir seine E-Mail (wir schreiben das Jahr 2006) und die Adresse vom Haus seiner Eltern. Schnell füllt sich mein Reisebuch mit solchen Notizen. Und je weiter wir Richtung Süden kommen, desto mehr hellt sich meine Stimmung auf. Ich habe bald genug Einladungen zusammen, um in fast jeder marokkanischen Stadt unterzukommen.

Wie aber soll ich dort überhaupt reisen, so ganz ohne Geld? Wie schnell lerne ich wohl ausreichend Arabisch, um Gemüse verkaufen zu können? Und kriege ich einen Stellplatz auf dem Markt von der Stadtverwaltung? Keine Ahnung, wie das mit meiner Vier in Französisch und dem fehlenden Arabisch gehen soll. Aber irgendwie muss es ja. Ich vermeide es, allzu viele Gedanken daran zu verschwenden.

Nach einer unglaublich langen Zeit von fast zweieinhalb Tagen im Bus gelangen wir an die spanische Mittelmeerküste. Almería macht keinen guten Eindruck auf mich. Die Stadt ist voller Wohnblocks und hat möglicherweise einmal eine glanzvolle Zeit gehabt. Aber wir fahren sowieso direkt zum Hafen, wo wir einige Stunden auf die Fähre nach Melilla warten. Überall stehen riesige Container rum, Soldaten patrouillieren. Stundenlanges Rumstehen und Rumrauchen später überqueren wir das Mittelmeer und gelangen nach Melilla in Nordafrika.

Der umzäunte Ort an der marokkanischen Küste gehört aus irgendeinem absurden Grund seit 500 Jahren zu Spanien. Hier ist mithilfe eines widerlichen Chemikers aus Deutschland im Jahr 1923 Giftgas hergestellt worden, das vom spanischen Militär dann gegen die Berberstämme im marokkanischen Rifgebirge eingesetzt wurde. Bis heute ist unklar, wie viele daran starben, es werden wohl Zehntausende gewesen sein. Noch immer stammen 60 Prozent der Krebspatienten in der marokkanischen Hauptstadt Rabat aus dem Gebiet, das die Spanier vor hundert Jahren verseuchten.[1]

Mitsamt unseren gesamten Habseligkeiten fährt unsere rollende Jugendherberge dort als Erstes ans Land. Wir Passagiere dürfen parallel dazu erst einmal durch eine Personenkontrolle laufen, eine Untersuchung des Gepäcks fällt also schon einmal flach. Die Beamten schauen sich trotzdem jede und jeden genau an, alle Pässe werden aufmerksam geprüft und mit dem Gesichtsausdruck abgestimmt. Bis ich dran bin. Der schwitzende Beamte sieht sich nur die Außenhülle meines Passes an und winkt mich müde weiter. Es wird deutlich, warum ich es war, der den ominösen weißen Rucksack in den Bus mitnehmen durfte. Es geht weiter durch wüstenähnliche Hügel, vorbei an vereinsamten Tankstellen und spärlicher Besiedlung. Das Ziel ist jetzt ganz nah. Fes ist eine der ältesten Königsstädte in Marokko und beherbergt 800.000 Menschen, so steht es in meinem Reisebuch. Langsam werde ich wieder nervös. Wie werde ich die nächsten drei Wochen in diesem Land überleben? Werde ich das?

Der Bus nähert sich der Stadt, die Straßen sind voller Menschen. Sie sitzen vor Cafés, am Straßenrand, auf Mittelstreifen. Wirklich jeder, okay, jeder Mann zumindest, scheint draußen rumzuhängen. Noch nie habe ich so viel Leben auf einmal gesehen. Wie durch ein Wunder crasht keines der gefühlt tausenden Fahrzeuge mit offenen Türen, rauchenden Fahrern und wilden Mopedfahrern auf den übervollen Straßen. Die Häuser haben unverputzte Wände, manchmal fehlt auch eine ganze Fassade. Viele wirken so, als habe man drei Wochen vor der Fertigstellung beschlossen, den Bau abzubrechen. Es gibt Ziegen, die Lasten tragen und Katzen, die gierig nach heruntergefallenem Essen Ausschau halten.

Wir erreichen einen Busbahnhof und alle steigen aus. Ich schüttele Hände. Einer meiner Reisegenossen hat mir kurz vor unserer Ankunft noch angeboten, bei ihm unterzukommen. Die ersten Nächte sind also safe.

Doch da stehen drei Typen in Polohemden um die Dreißig und nicken mir zu.

»Bist du Richard?«

»Ähm ja. Bin ich. Woher kennst du meinen Namen?«

»Ich bin Raschid, meine Familie hat dich geschickt!
Komm, steig ein.«

Und schon setze ich mich in einen Transporter, hinten ist noch Platz für mich und seine beiden Freunde. Wir sitzen auf Kisten. Sekunden vorher denke ich: »Okay, wäre schon eine Riesendummheit, bei wildfremden Menschen in einen dunklen Transporter einzusteigen.« Aber dann rieselt es durch meine Gedankengänge: Es wäre eine noch viel größere Riesendummheit, es nicht zu tun. Wohl wissend, dass die Situation ein wenig skurril wirken könnte auf einen 19 -jährigen Europäer, lächelt Raschid mir zu:

»Alles gut! Ach ja: Hast du den Rucksack dabei?«

Ich nicke und habe keine Ahnung, wo wir hinfahren. Wir verlassen die Stadt, sehen kann ich aber nichts. Irgendwann macht einer meiner Mitfahrer die Tür hinten auf, damit während der Fahrt etwas Licht und Luft reinkommen. Ich sehe eine unbefestigte Landstraße, die einen Hügel hinaufläuft. Alles ist trocken und staubig. Ein Mercedes-Taxi fährt Muttis in die entgegengesetzte Richtung. Sonst ist nichts zu sehen. Nur ein paar erbärmliche Sträucher können der Hitze standhalten. Nach einer guten Dreiviertelstunde erreichen wir ein Dorf, das offenbar nur von Hunden und Hühnern bewohnt wird. Ein Minarett thront über den Häusern. Wir fahren die Straße den Hügel hinauf. »Das ist meine Heimat«, verkündet Raschid stolz.

Ich versuche, mir meine Erleichterung äußerlich nicht anmerken zu lassen, als wir nach wenigen Fußminuten in den staubigen Hof eintreten.

Raschids beinahe komplette Familie steht im Hof vor mir und begrüßt mich wie einen Verwandten: die Mutter, zwei Schwestern, ein kleiner Bruder. Der Vater war LKW-Fahrer in Deutschland und ist bereits verstorben. Sein Antlitz bekomme ich aber umgehend zu sehen. Es hängt würdevoll im Wohnzimmer an der Wand.

»Das ist dein Schlafzimmer. Du bist unser Gast solange du willst! Bestimmt willst du dich erstmal ausruhen und duschen?«

Ich habe möglicherweise einen ganzen Tag geschlafen und reibe noch meine Augen verwundert darüber, wo ich hier eigentlich gelandet bin. Also stehe ich auf und laufe vorsichtig in den Hof. Das Haus ist komplett weiß, wie alle Häuser in diesem Ort. Wohl um die Sonne zu reflektieren, es sieht aber auch ziemlich cool aus. Die ganze Anlage ist vergleichbar mit einem Dreiseitenhof. Ein metallenes Tor auf der einen Seite und zwei Stockwerke an jeder Seite. Ich sehe, wie die Mutter eilig Chlortabletten in den Wassertank wirft, als ich die Toilette zum Duschen und Zähneputzen betrete. Sie macht sich wohl Sorgen, dass fremde Bakterien meinen zarten Europäermagen stören könnten.

Die Toilette ist ein kleiner Raum an der Seite. Ein einfaches Loch befindet sich dort im Boden, es führt praktischerweise den Hügel hinter dem Haus hinab. Ich nutze die Dusche direkt daneben und rasiere mich. Will endlich mal wieder gut aussehen. Seitdem ich wach bin, wuselt es im Haus mit zunehmender Intensität, sehen kann ich aber niemanden. Es scheint sich herumgesprochen zu haben, dass der Gast wach ist. Dann werfe ich einen vorsichtigen Blick in die Küche. Drei Frauen sind hier so eifrig am Kochen, als würde eine Hochzeit anstehen.

Eine der jüngeren Frauen lächelt mir mit äußerster Vorsicht zu. So, dass niemand anders es sehen kann. Raschid rennt auf mich zu und ruft aufgeregt:

»Richard! Die Küche ist doch kein Ort für Männer! Wir sitzen im Esszimmer und schauen Fernsehen, bis es Essen gibt. Magst du Huhn?«

Ich erkläre Raschid, dass ich Vegetarier bin und sonst aber alles essen würde. Raschid raunt ein wenig, das Prinzip »Ich-ess-kein-Fleisch« ist ihm offenbar von seinen Aufenthalten in Deutschland bekannt. Dann brüllt er etwas zu seiner Mutter, sie möge wohl noch etwas Gemüse und Pommes zubereiten. Ich sage nur, dass sie sich bloß keinen Aufwand machen sollen für mich, doch das wird von Raschid mit einer großzügigen Handgeste beiseite gewischt:

»Aaaaalter! Du bist unser Gast! Und komm jetzt endlich rüber, Mann.«

Auf dem länglichen, von großen Kissen am Boden flankierten Tisch bietet sich nur wenige Minuten später ein Festmahl opulenten Ausmaßes. Raschids Mutter und Schwestern tragen wie Dienerinnen immer mehr Leckereien hinzu. Das Highlight ist eine riesige Platte mit einem gegrillten Huhn in einem Bad von Pommes. Für mich, der sich gerade noch ein Leben auf der Straße in einem völlig unbekannten Land ausgemalt hatte und drei Tage lang im Bus saß, gleicht die Erfahrung einem Abstecher in den Himmel. Es könnte sich natürlich auch um eine Henkersmahlzeit handeln, aber derart negative Gedanken kommen mir nicht in den Sinn.

Der Fernseher läuft, für mich wird sogar ein deutsches Programm eingeschaltet. Enttäuschte Gesichter, als ich wiederhole, dass ich wirklich kein Hühnchen essen wolle.

»Eine Schande!«, brüllt Raschid und bohrt seine Finger in das glänzende Wesen, das da vor uns thront.

Ich frage, wann denn nun die Köchinnen endlich zu uns kommen würden. Er antwortet mit vollem Mund:

»Kommen nich. Essen in der Küche.«

Verunsicherung macht sich in mir breit. Eine Unsicherheit, weil ich mich offenbar wirklich überhaupt nicht vorbereitet hatte. Wie ticken die Menschen um mich herum überhaupt? Hätte ich nicht vielleicht doch lieber noch etwas lesen oder wenigstens eine ARTE-Dokumentation über das Land und seine Kultur ansehen sollen? Nichts kam mir in den Sinn. Ich fuhr ja einfach los.

Die nächsten Tage verbringe ich mit Raschid und seinen Jungs hauptsächlich damit, an einer Tankstelle mit einem kleinen Café-Raum abzuhängen. Dort steht ein Kühlschrank mit Cola und ein riesiger Topf voll mit schwarzem Tee. Der Innenraum ist mit drei oder vier kleinen Tischgruppen vollgestellt und vergleichsweise kühl, solange die Sonne scheint. Davor gibt es eine kleine Terrasse mit Blick auf eine kleine Zapfsäule, die vom Wirt noch selbst bedient wird, wenn er nicht gerade Tee aufgießt. Eine gute halbe Stunde von meinem Dorf entfernt ist dieser lokale Hotspot in einer Gegend, die sonst absolut nichts zu bieten hat.

Unsere Hauptbeschäftigung besteht darin, die leere Straße zu betrachten und dabei einen herrlichen, frischen Minztee mit unglaublich viel Zucker mit größter Langsamkeit zu trinken. Ich werde immer wieder auf einen Tee eingeladen, obwohl ich ein reicher Typ aus Europa bin. Dass ich aber trotzdem keine Kohle habe, weiß hier keiner, es interessiert auch niemanden.

Normalerweise wird beim Teetrinken und Straßegucken nicht besonders viel gesprochen, nur gelegentlich setzt sich jemand zu uns an den Tisch und fängt an, irgendetwas zu erzählen. Ein junger Mann mit durchtrainiertem Körper und Tarnjacke berichtet, dass auch er eine Weile in Frankfurt am Main gelebt habe, nun aber nicht mehr zurückdarf.

»Ach Mensch, wie ungerecht! Warum denn?«, frage ich. Er antwortet lachend, dass er im Koksrausch eine Tankstelle mit einer Waffe in der Hand überfallen wollte. Die Sache ging schief, er und sein Freund wurden von der Polizei gestellt. Zu Schaden kam niemand. Nur hat er damit seine Chance, zu bleiben, verkackt. Ich denke nur:

»So ein netter Typ! – Ein Tankstellenräuber?« Naja, »wer hat noch nie damit geliebäugelt, ne Bank zu knacken?«, geht mir durch den Kopf. Keine einzige Frau weit und breit. Marokko ist nach meinem bisherigen Eindruck ein Land, dass sich noch immer völlig ungeniert eine Machogesellschaft mittelalterlichen Ausmaßes leistet. Hier sind Frauen im öffentlichen Leben praktisch nicht zu sehen und offenkundig durchgängig im Haushalt eingespannt.

Unser Wirt raucht ununterbrochen, egal ob er uns einen Tee nachschenkt oder ein Auto auftankt. Meine anfängliche Schockiertheit darüber geht mir über die Tage hinweg erstaunlich schnell abhanden, das Gefühl für Zeit genauso. Nach zwei oder drei Tagen an der Tankstelle ist vieles gesagt, alles gesehen und noch mehr gedacht. Langsam bilde ich mir ein, einer von ihnen zu werden. Mit einem genügsamen Blick beobachtete ich das Leben. Na gut, ich starre ins Leere.

Wenn sie nicht gewesen wäre. Eine Frau gibt es dann nämlich doch, sie arbeitet gelegentlich als Aushilfe, wenn es hier um die Abendstunden etwas mehr abgeht.

Sie ist etwa in meinem Alter, hat lockiges Haar und heißt Samira, wie ich bald erfahre. Wir werfen uns immer wieder ein schüchternes Lächeln zu. Die Männer um uns herum, die das bemerken, fangen mit der Zeit an, zu johlen oder furchtbar hässlich zu lachen. Ich in meiner ganzen romantischen Unerfahrenheit weiß nicht im Geringsten, was ich damit anfangen soll. Eines Abends nimmt sie mich an der Hand und geht ein paar Meter mit mir. Plötzlich, etwas abseits im Dunkeln der Nacht, greift sie nach meinem Ringfinger und spricht etwas. Natürlich verstehe ich kein Wort. Trotzdem weiß ich, was sie mir sagen will. Verschämt nehme ich meine Hand zurück, schüttle den Kopf und gehe wieder zurück zur Tankstelle. Ich fühle mich wie ein menschliches Ticket, aber kann sie auch verstehen: Raus hier, na klar! Weg aus dieser für Frauen wahrscheinlich furchtbaren Gesellschaft. Gleichzeitig ist mir klar, dass ich jetzt nichts falsch machen darf.

Die Männer in der Tankstelle lachen schon wieder laut. Einer fragt mich, warum ich sie denn nicht heiraten wolle. Vielleicht haben die jungen Typen auch Mitleid mit ihr. Doch sie sind genauso perspektivlos und verdrängen ihre Schuld, keine Arbeit zu haben. Ihre eigentliche Aufgabe wäre es, Geld für ihre Familie zu verdienen, stattdessen warten sie an dieser Tankstelle darauf, alt zu werden. Europa, das bedeutet hier: Eine Chance kriegen. Am nächsten Morgen suche ich mir ein öffentliches Telefon und rufe zu Hause bei meinen Eltern an. Wieder geht meine Schwester ans Telefon. Ich frage gar nicht nach, weil ich mein Problem schon längst vergessen habe. Sie dagegen hat bereits die Lösung:

»Richard! Bist du irgendwo untergekommen?«

»Ähm, ja, mir geht's gut! Ich wohne hier bei einer netten Familie. Total cool!«

»Sehr gut, frag die mal nach einer Adresse. Ich habe herausgefunden, dass man Geld über einen Anbieter mit dem Namen Western Union verschicken kann.

Die zahlen dir das dann an der nächsten Poststation einfach aus! Vati hat zugesagt, 700 Euro locker zu machen für dich.«

»Wow, danke! Das ist dann wohl meine Rettung.«

»Ja ...«, sagt meine Schwester mit diesem typischen Ton, bei dem man die Augen rollen hören kann.

Ich vergesse, ihr zu danken, bevor ich auflege. Aufgeregt renne ich zu Raschid und erzähle ihm von der Idee meiner Schwester.

»Western Union! Na klar Mann, das benutzen wir die ganze Zeit, um unsere Familien mit Geld zu versorgen. Also, Wenn wir in Deutschland sind und dort arbeiten.«

Ach so. Wieder ein Stück schlauer geworden. Ich schreibe mir die Adresse der lokalen Post auf und gehe zurück zum Telefonapparat, der irgendwo am Straßenrand an einem Masten hängt, wo ich meine Schwester wieder anrufe.

Tags darauf laufe ich mit Raschid und seinen Freunden an den See. Wir sitzen dort und ich frage:

»Hey! Wollen wir nicht in den See gehen? Baden?«

»Das geht nicht«, sagt einer von Raschids Freunden.

»Schau mal da oben!« Ich blicke auf den Hügel. Da oben stehen zwei Männer, die uns mit einem Fernglas beobachten.

»Die sind von der Nationalgarde.« Der See gehöre dem König.

»Da dürfen wir nicht drin baden«, sagt einer von ihnen, der

sich gerade Haschisch in seine Pfeife stopft. Ich frage Raschid, ob er mich morgen zur Poststation begleiten könne.

Wegen des Geldes.

Am nächsten Morgen weckt mich der Muezzin, der im Minarett direkt neben meinem Fenster in sein Mikrofon donnert. Es ist zwar megalaut, aber ich liebe diesen Gesang und glaube, er verhilft mir in eine Art Trance. Immer wenn er singt und ich allein bin, lege ich mein Buch zur Seite und schließe die Augen. Heute steige ich hoch auf die Dachterrasse und blicke wieder auf diese wunderbare Leere. Wo ich vor Tagen noch Nichts sah, sehe ich nun alles. Unendliche Hügel, bestrichen mit mattgelbem Sand, ein paar Sträucher, hier und da weiße Häuschen. Darüber liegt der hellblaue Himmel. Dazu die langgezogenen Wörter des Muezzins, die den ganzen Raum um mich herum miteinander verbinden.

Als der Gesang endet, gehe ich hinunter in den Hof. Doch Raschid ist nicht zu finden. Also beschließe ich, einen Spaziergang zu machen. Vielleicht finde ich ihn ja! Als erstes laufe ich den kleinen Hügel hinab, der mein Dorf beheimatet. Entlang des Trampelpfads, der sonst zur Tankstelle führt, nehme ich diesmal eine andere Abbiegung. Auf einmal baut sich ein Hund vor mir auf. Er bellt mich so aggressiv an, dass ich Angst bekomme. Der Mund ist aufgerissen, die Zähne gut sichtbar und seine Augen zusammengekniffen: Offenbar will er mir sagen, dass er bereit ist für alles. Als wäre das nicht schon genug, kommt er Schritt für Schritt auf mich zu. Ein Auto fährt an mir vorbei, ich versuche, nach Hilfe zu rufen.

Denen ist das offenbar egal. Sie fahren weiter. Ich laufe rückwärts, bis ich in einem Gebüsch verschwinde. Je unsichtbarer ich werde, desto mehr lässt der Hund von mir ab.

Einer Ziegenherde samt altem Mann, der sie bewacht, begegne ich auf meinen Weg zurück ins Dorf. Ich stelle mich ein wenig zu ihm und wir kommen ins Gespräch.

Man mag es kaum glauben, aber auch Mohammed spricht Deutsch. Jahrelang habe er dort gelebt, berichtet er. Wir unterhalten uns über den gewaltigen Wirbelsturm, der gerade die USA heimsucht.[2] Er kommentiert das Geschehen so: »Das ist die Strafe des Allmächtigen für das Leid, das sie im Irak und Afghanistan verursacht haben.«

Zurück auf dem Hof finde ich Raschid. Der meint zu mir, wir könnten jetzt zur Post und die Kohle von meinem Vater abholen. Ich schäme mich für den Gedanken, Angst zu haben, dass Raschid mich jetzt doch noch abziehen könnte. Dabei betont er immer wieder, dass er mich beschützen wird vor den Typen aus dem Nachbardorf. Dass es aber immer nur die anderen sein sollen, die Böses im Schilde führen, mag ich nicht so richtig glauben. Gleichzeitig weiß ich, dass Raschid einem Gast niemals etwas Schlechtes tun würde. So viel habe ich schon gelernt über die marokkanische Kultur. Raschid grinst und steht auf einmal mit einem zerzausten Esel vor mir.

»Steig auf. Ist 'n langer Weg.«

»Der arme Esel!«, denke ich, aber Raschid zeigt kein Verständnis für meine westliche Eitelkeit und gibt dem armen Tier noch einen auf den Hintern. Die Übergabe an der Post ist fast so einfach wie der Kauf einer Briefmarke. Der Beamte verlangt meinen Ausweis und geht dann kommentarlos in den Hinterraum, in dem sich ein Safe befindet. Nach ein paar Minuten kommt er wieder an den Schalter und zählt mir die Scheine vor. 700 Euro: das macht etwa 8.000 marokkanische Dirham. Das monatliche Durchschnittseinkommen in diesem Land beträgt zu dieser Zeit 2325,20 Dirham, das sind etwa 218 Euro. Ich bin also auf einen Schlag reich genug, um eine Familie drei Monate lang ernähren zu können. Raschid nimmt das Geld erst einmal an sich.

»Nicht, dass du ausgeraubt wirst!«

In diesem Moment habe ich volles Vertrauen in ihn und gebe ihm das Geld ohne Zögern in die Hand. Auf dem Rückweg sagt Raschid mir, dass heute Abend gefeiert wird. Ich frage: »Warum?«

»Es ist Ramadan!«

»Oh, okay. Was bedeutet das?«

»Wir werden jetzt vier Wochen lang fasten, also tagsüber weder essen noch trinken. Dafür gibt es zwei Mal am Tag ein richtig fettes Essen. Immer, wenn die Sonne untergeht und am Morgen vor dem Aufgang.«

»Cool.« Noch mehr essen also. Zurück im Haus gibt Raschid mir das komplette Geld. Ich danke ihm und biete ihm etwas davon an.

»Für eure Gastfreundschaft!«

»Nein, Mann! Das nehme ich nicht an.«

»Dann für eure Unkosten!«

»Du bist unser Gast, es ist eine Ehre für uns. «

Wir einigen uns dennoch auf eine kleine Summe, immerhin hat er mir locker hundertmal Tee ausgegeben. Die Sonne geht langsam unter und der Muezzin direkt neben unserem Haus beginnt wieder seinen Gesang. Diesmal sitzen wir alle am Tisch, auch die Mutter und Schwestern von Raschid. Es gibt das herrlichste Essen. Eine Suppe, so dick, dass man Wände damit verputzen könnte.

Die Harira beinhaltet so ziemlich alles, was die Küche hergibt. Rote Linsen, kleine Fadennudeln, Kichererbsen,

Tomaten, Möhren, ein wenig Reis, Lauch in einem riesigen Topf mit Gemüsebrühe.

Abgeschmeckt wird die Suppe mit Ingwerpulver, Paprika, Kurkuma, Chilipaste, Zitrone, Petersilie und dem Highlight der marokkanischen Küche:

Safran, das sind kleine rote Fäden, die aus der Blüte einer Krokus-Blume gewonnen werden. Ihre Aufgabe: Sie wird uns fit machen für die nächsten Tage. Immerhin sollen wir nichts mehr essen und auch nichts mehr trinken. Küssen schon gar nicht. Mir als Gast wird wiederholt versichert, dass ich nicht mitmachen müsse. Ehrgeiz steigt in mir auf: »Klar mache ich da mit!«, verkünde ich stolz.

Am nächsten Tag machen wir uns gemeinsam mit unseren Homies aus der Nachbarschaft auf den Weg zur Tankstelle. Überall Hitze, nirgendwo mehr Menschen. Verständlich, wenn es nichts zu trinken gibt. Trotzdem laufen wir weiter und nach wenigen Minuten zwingen mich die 35 Grad der höllischen Mittagssonne in die Knie. Um etwas zu trinken, stelle ich mich verschämt hinter eine Hauswand. Raschid sagt, dass sie umkehren. Es sei zu heiß heute, »und die Leute sind ziemlich mies drauf, das wirst du sehen«, prophezeit er mir. Ich aber will jetzt nicht umdrehen und lieber ein bisschen allein sein. Gleichgültig, müde von der Hitze, nicken die Jungs und ziehen ab. Ich dagegen laufe weiter. Die Tankstelle ist ebenso leer, nur die hübsche Kellnerin schält mit einem älteren Mann Kartoffeln. Ich bitte um eine Cola und Samira sagt etwas zu mir. Ein Typ kommt dazu und übersetzt: Zum Abendessen bei ihrer Familie lädt sie mich ein, ich soll einfach morgen Abend wieder hierherkommen. Natürlich sage ich zu, trinke aus und laufe beschwingt bei Abendsonne nach Hause. Gerade noch rechtzeitig zum Abendessen bin ich da.

Anschließend gehen wir zu einem Nachbarn im Dorf, dort sitzen bereits ein paar Männer im Kreis. Zusammen hängen wir da stundenlang rum bei Feuer und vollen Pfeifen.

In Zeiten des Ramadans ist jeder Tag eine sprichwörtliche Durststrecke. Die meisten Menschen bleiben zu Hause, gerade wenn es so heiß ist. Dafür ist der Abend ein Fest. Irgendwann bewegt einer der Typen die ganze Gruppe, abermals den Weg zur Tankstelle aufzunehmen.

Alles ist dunkel und die Tankstelle der einzige beleuchtete Punkt. Wir sehen die einzige Bar im Umkreis von Dutzenden Kilometern im Meer der Dunkelheit schon von Weitem. Samira bedient wie immer am Abend. Es gibt frischen Minztee, Kaffee, Wasser und Cola. Aber etwas stimmt nicht. Ihr Arm ist abgebunden. Eine Schleife hält ihn an ihrer Schulter und ihr Blick weicht mir aus. Niemand sagt ein Wort.

Mir dämmert, dass hier etwas richtig falsch gelaufen sein muss und ich mache mir innerlich bereits erste Vorwürfe für meine Naivität. Hastig versuche ich jemanden zu finden, der mir übersetzen kann, was Samira dazu sagen kann. Aber niemand hat Interesse daran. Selbst Raschid blickt zu Boden. Fuck. Nicht nur ich bin schuld. Wir alle sind es. Es ist der Moment, an dem es mir endlich dämmert, dass ich von hier weg muss. Niemandem kann ich noch in die Augen blicken, Samira erst recht nicht. Obwohl sie oder ich eigentlich nichts falsch gemacht haben, entschuldige ich mich bei ihr. Am nächsten Morgen frage ich Raschids Cousin, der einen Mercedes vor seinem Haus stehen hat, ob er mich heute mit nach Fes nehmen würde.

»Was, heute sofort? Warum?«

»Ich will noch mehr von diesem Land sehen!«

»Aber es ist gefährlich da draußen! Bleib lieber bei uns«, sagt er. Ich bestehe darauf, laufe zur Mutter des Hauses und drücke ihr ein Bündel Scheine in die Hand, doch sie verweigert das vehement. Raschid kommt aufgebracht dazu und sagt mir, dass es unhöflich sei, seine Gastgeber zu bezahlen. Das ist mir durchaus bewusst. Aber ich bin bereit, einen Fehler zu machen, wenn ich es für das Richtige halte. Die Mutter hat mich tagelang bekocht, mein Bett gemacht und mir Tabletten gegen Bakterien ins Wasser gesteckt. Unter Tränen nimmt sie das Geld schließlich an, ich bedanke ich mich bei allen und steige in den weißen Mercedes.

»Shukran.«

Raschids Cousin redet mir auf der Fahrt ununterbrochen ins Gewissen: »Traue niemandem! Sei auf der Hut! Die Leute sind schlecht!« Er fährt mich wieder durch die hügelige Landschaft, genau dahin, wo meine Reise ursprünglich begann. An den Busbahnhof in Fes, der wilden Metropole. Natürlich sind meine ersten Schritte dann von Angst geprägt. Schnell aber gewinnt die Faszination. Was für eine Stadt! Ich bereue es, nicht eher hierhergekommen zu sein. Die Straßen sind immer noch voller Menschen, obwohl der Ramadan anhält. Mopeds zischen haarscharf an mir vorbei. Märkte voller Gemüse und Gewürze, Handwerker, die auf offener Straße Möbel bauen. Nun laufe ich mit meinem riesigen Rucksack auf dem Rücken herum und bin wieder auf mich selbst gestellt. Es tut gut, endlich wieder autonom zu sein.

Mit Geld in der Tasche fühle ich mich frei. In meinem Reisebuch suche ich mir das billigste Hotel in fußläufiger Entfernung aus, sorgfältig folge ich den Straßennamen bis dorthin. Nach dem Weg fragen will ich niemanden, zu sehr genieße ich die Anonymität. Angekommen im Hotel, sage ich:

»Une chambre, s'il vous plait?«

»Oui, c'est 80 Dirham par nuit.«

»... Oui.«

Als ich den Raum betrete, wird mir sehr schnell klar, warum der Hotelier auf Vorauskasse bestand. Schäbig wäre noch ein Kompliment gewesen. Unter meinem Bett scheint etwas zu rascheln, aber nachzugucken wage ich nicht. Ich lege mich trotzdem hin und versuche, die Augen zu schließen. Keine Chance.

»Zzsch. Zzzzsch.«

Was zur Hölle ist das? Eine Maus? Eine Ratte?

In meinem Kopf wird eilig eine Krisensitzung einberufen. Der Beschluss wird im Eilverfahren durchgepeitscht und liegt schon nach wenigen Sekunden vor: Ich ziehe weiter. Jetzt bereue ich die Vorkasse nicht, denn lästige Erklärungen bleiben mir erspart. Am Schalter stehen andere Gäste und der Rezeptionist betrachtet gerade Ausweise, als ich vorbeiziehe und leise »au revoir« sage.

Obwohl es mein Budget eigentlich nicht hergibt, suche ich umgehend ein Dreisternehotel auf. Ist mir egal, ich gönne mir den Luxus einer Dusche und einen kleinen Fernseher über dem Bett für einen Tag und fühle mich dabei fast schon wieder wie in Europa. Macht Geld einsam? Ja, tut es, aber es fühlt sich auch verdammt bequem an. Noch knapp zwei Wochen bleiben mir und ich nutze sie, um einen kleinen Plan aufzustellen, mit dem Bus bis in den Süden des Landes zu reisen. Ich fahre weiter nach Marrakesch und erkunde die Altstadt voller mysteriöser Händler.

Gewarnt wurde ich vor den verwinkelten Gassen, »da findest du nicht mehr raus ohne Hilfe«, waren die mahnenden Worte meines Bruders, die mir im Kopf blieben und eine

Mischung aus Respekt und Begeisterung in mir erzeugten. Ich verlaufe mich tatsächlich immer wieder, aber jedes Mal hilft mir auch jemand wieder raus. Es ist fast so, als würden sich die Leute hier darum streiten, wer mir als Erstes helfen darf. Manchmal tun sie das direkt vor mir, vielleicht um mir zu beweisen, wie ernst es ihnen sei mit der Hilfsbereitschaft und wie ihrer Kenntnis über jeden Winkel der Stadt. Sie werfen sich dann die unglaublichsten Sachen vor:

»Nein, zur Koutoubia-Moschee geht es da lang!«

»Unglaublich! Wie kann man nur so dumm sein! Er muss doch erst einmal vorbei am Djemaa el Fna und dann einfach tout droit!«

Es gibt auch Männer, die ungefragt auf mich zukommen. Einige verkaufen Haschisch. Manche wollen mir auch einen Teppich anleiern, wieder andere eine kleine Tour geben. Sie sind hartnäckig und charmant, sodass es gar nicht immer gelingt, ihnen ohne Schmerzen einen Kauf abzuschlagen.

Aber immer gleich abzuwinken, heißt, etwas zu verpassen. Ein guter Händler lädt seinen potenziellen Kunden ins Geschäft und reicht einen Tee, dann plaudern sie dank ihrer unglaublichen Sprachfähigkeiten und Belesenheit ein bisschen über Gott und die Welt. Erst dann kommt es zum Geschäftlichen. Ich lerne viel über die Art, wie Gastfreundschaft und Geschäftliches sich in dieser Kultur miteinander vermischen. Natürlich nervt es manchmal, immer wieder angesprochen zu werden und, dass nicht selten auch ein kleiner Tipp für den richtigen Weg nachträglich doch etwas kostet. Ich lerne, nein zu sagen, und versuche mich darin, Gesichter zu lesen, wenn ich die ersten Worte mit ihnen wechsle. Gleichzeitig bin ich mir darüber bewusst, dass das alles hier auch Teil des Deals ist: Immerhin trage ich ein Vielfaches des Durchschnittsgehalts mit mir rum, ohne dafür einen Finger krumm gemacht zu haben.

In der Regel werde ich eingeladen, ohne Hintergedanken, ganz einfach aus purer Freundlichkeit. Ich werde ein Stück mit dem Auto mitgenommen oder im Teehaus in ein Gespräch verwickelt. Oft genug kann ich aber auch tun, was ich will und in Gedanken versinken, während ich stundenlang einfach nur eine Straßenszene beobachte.

Für mich sind die Fahrten in einen neuen Ort mit dem Bus aber immer wieder ein Highlight. Über Stunden hin ziehen sich die kleinen Reisen immer tiefer in den Süden des Landes. Für mich als Geläuterten mit der Drei-Tage-Fahrt im Nacken ist das überhaupt kein Problem mehr. Die Busse überqueren Wüsten aus Stein, Berge aus rotem Sand, und wenn sie anhalten, warten selbst in den abgelegensten Gegenden Stände und Cafés, die gegrilltes Fleisch, aber auch Reis und Omeletts frisch zubereiten. Gott sei dank, erlauben es die Ramadan-Regeln auf Reisen zu essen. Alte Menschen mit Hühnern unter dem Arm steigen immer wieder zu und an teils absurden Stellen im Nirgendwo schließlich aus.

Das Großartige an den langen Reisen aber ist der enge Raum, aus dem sich nicht selten Kontakte ergeben. Nicht zuletzt dank dieses Vorzugs der langsamen Fortbewegung habe ich in meinen drei Tagen Busfahrt aus Deutschland bereits zahllose Freunde gewinnen können.

In einem Bus, der mich in die marokkanischen Berge fährt, sitze ich neben einer wunderschönen Frau. Sie schläft seit Stunden und ich frage mich, was ich wohl zu ihr sage, wenn sie aufwacht. Ich werde nervös, als der Busfahrer ankündet, dass wir in drei Stunden unser Ziel erreichen. Bei einer Pause erwacht sie endlich. Yasmin ist Studentin, war einige

Semester in Paris und ist jetzt wieder in ihrer Heimatstadt Rabat eingeschrieben. Ich verknalle mich ein klein wenig und wünsche mir, dass diese Fahrt noch viel länger dauern würde. Warum muss der denn auch so schnell fahren? In letzter Sekunde tauschen wir Mailadressen aus.

In der Küstenstadt Agadir verbringe ich einige Tage direkt am Meer. Ich miete mir einen kleinen Roller, obwohl ich noch nicht einmal einen Führerschein habe. Dem alten Mann, der die kleinen Flitzer rausgibt, reicht mein deutscher Reisepass offenbar aus. Damit cruise ich dann ein wenig durch die Stadt, bis ich einen Typen am Straßenrand treffe, der vorschlägt, gemeinsam eine Tour zu machen. Er könne mir seine Heimatstadt zeigen.

Obwohl er ein wenig zwielichtig aussieht, stimme ich zu. Abwechselnd fahren wir nun über Landstraßen außerhalb der Stadt. Am Stadtrand sehe ich Kinder in Bauruinen herumlaufen, wir betreten überfüllte Behausungen. Kahil und ich werden zwar nicht wirklich Freunde, aber ich bin ihm dankbar, dass er mir so viel zeigt. Orte an der Peripherie, die ich sonst nie zu sehen bekommen hätte. Ich sehe viel Armut und lerne noch mehr über das Leben hier. Am Ende unserer Tour verlangt er eine übertriebene Menge Geld von mir. Meine Unerfahrenheit steht mir zwar ins Gesicht geschrieben, aber ich bin nun auch schon eine Weile hier unterwegs. Er bekommt etwas weniger als die Hälfte von dem, was er verlangt.

Viele Menschen hier haben nicht so viel. Dafür teilen sie sich umso mehr. Zum Beispiel die Mobilität: Taxis nehmen bis zu sechs Menschen mit und halten bis dahin überall, wo noch jemand einzusacken ist. Ich probiere es einmal aus und sitze dafür stundenlang neben einer sehr großen Frau, eingequetscht zwischen ihr und der Tür. Glücklicherweise kann ich das Fenster öffnen und mich vom Fahrtwind erfrischen lassen. Ich genieße die Freiheit, keinen Plan zu haben und auszusteigen und zu bleiben, wo und wie lang auch immer ich will. Als einziger Orientierungspunkt gilt mir der Bus zurück nach Deutschland, er wird mich nach drei Wochen Reisezeit in Casablanca abholen. Ich habe noch ein paar Tage Zeit.

Die Zeit vergeht schnell und nach vielen kleinen Abenteuern und endlosen Busreisen nähert sich meine letzte Reisestation. Es ist die kleine Hafenstadt Essaouira, in der ich einen meiner neuen Bekannten von der dreitägigen Busreise in dieses Land treffen möchte. Der lud mich damals an irgendeiner Tankstelle in sein Haus ein und das lasse ich mir selbstredend nicht nehmen. Die Stadt liegt zudem ganz in der Nähe von Casablanca. Perfekt also, hier meine letzten Tage zu verbringen. Irgendwo habe ich mal gehört, dass hier Surfer und Hippies absteigen, denen die Mischung aus riesigen Atlantikwellen, süßen blaubemalten Häuschen in einer überschaubaren Altstadt und gutes Haschisch besonders liegt. Verheißungsvoll, doch die älteren Damen in meinem Taxi lassen bisher nicht auf ein Mekka für surfende Kiffertypen schließen.

Asif hatte seine Adresse in mein Buch geschrieben, mehr nicht. Ich versuche es einfach einmal. Praktisch: Das Reisebuch hat für jede Stadt eine kleine Karte dabei, in der die Straßen der Altstadt zu finden sind. Seine Familie wohnt ziemlich zentral und mitsamt meiner neuerlernten Kartenlese-Skills finde ich das Haus im Handumdrehen.

Mitten im Zentrum steht es. Zwei Stockwerke, weiß gestrichen und blaue Stilelemente verzieren die saubere Fassade.

Die stählerne Tür ist mit einer Karo-Prägung versehen, ich klopfe und schaue noch einmal, ob der Familienname auch wirklich stimmt:

»Moussa«, ok, check. Also warte ich, bis Trippelschritte zu hören sind. Eine Frau öffnet mir und schaut mich fragend an.

»Je m'appelle Richard. Je suis un ami d'Asif!«

»Asif?!«.

Ratlosigkeit steht in ihr Gesicht geschrieben. Ich zeige ihr die Notizen von ihm in meinem Buch, dort steht sein Name und die Adresse. Ihr Blick hellt sich auf. Mir dämmert langsam, dass sie wohl kein Französisch versteht oder meines einfach zu schlecht sein muss. Aber Asifs Schrift erkennt sie offenbar.

Daraufhin öffnet sie ihren Handballen und macht eine langsame Armbewegung von der Tür in den Hausflur. Ich darf eintreten. Obwohl ich als Fremder komme, begrüßen mich alle sofort, als wäre ich ein alter Freund. Die Kinder rennen auf mich zu, sie lächeln mich mit ihren weit aufgerissenen Augen an.

Ein älterer Mann baut sich selbstbewusst vor mir auf und grüßt mich dann herzlich. Der ist offenbar der Hausherr hier. Er hat bereits in arabischer Sprache mit der Frau gesprochen, die mich hineinließ und teilt mir nun auf Französisch mit, dass Asif gerade noch unterwegs sei und heute Nacht oder Morgen zurückkommen werde. Er führt mich ins Wohnzimmer, das an allen Wänden mit prächtigen Sofas und Kissen ausgestattet ist. Die Decken sind mit Stuck verziert.

Die Familie hockt im riesigen Flur auf dem Boden. Sie reden scheinbar wild durcheinander auf Arabisch. Es gibt frischen Minztee und Gebäck. Alles wird mir angeboten. Ich bin verschämt, denn der Mann, der gerade zu mir sprach, ist verschwunden und ich bin nun allein mit der Familie, von der niemand Französisch spricht. Warum auch. Marokkos Staatssprache ist Arabisch, Französisch ist zwar wichtig, aber nicht selbstverständlich.

Ich versuche, ein wenig mit den Kindern zu spielen. Mit ein paar Teenagern gehe ich noch mal raus auf die Straße und kaufe einen Bund frischer Minze. Will ja ein guter Gast sein. In den zwei Wochen, in denen ich Marokko besucht habe, konnte ich mehr über das Gastgeben und Gast-sein lernen als in meinem ganzen Leben zuvor.

Zurück im Haus gibt es warmes Abendessen, wir sitzen erneut auf dem Boden. Ich glaube, normalerweise wird in dem wundervoll dekorierten Wohnzimmer gegessen, das nun mein Schlafzimmer ist. Diese Marokkaner: Lassen einen Wildfremden aufgrund einer Notiz in einem Buch in ihr Haus, bewirten ihn, überlassen ihm den schönsten Raum, den sie haben. Und das ist nicht das erste Mal. Ich übe mich in Demut und verneige mich geistig vor diesen edlen Menschen.

Erleichtert bin ich auch, als ich sehen kann, dass die Küche in diesem Haus offenbar keine exklusive Frauenzone ist. Der Vater der Familie trägt das Geschirr, wahrt aber eine gewisse Etikette: Er nimmt der Mutter nicht die Ehre, das beste Essen der Welt zu kochen. Das Essen hier ist tatsächlich das Beste, was ich auf meiner ganzen Reise zu mir genommen habe.

Die saftigsten Tomaten treffen auf bissfeste Bohnen, eingelegt in würziges Öl, abgeschmeckt mit feurigen Gewürzen und frischen Limetten, die ich so bis dahin noch nicht kannte. Dazu gibt es Brot, das so unglaublich frisch schmeckt, als hätte es der Bäcker gerade erst vom glühenden Stein gehoben. Im Mittelpunkt steht ein gegrillter Fisch, der möglicherweise noch vor wenigen Stunden aus dem Meer geholt worden ist.

Hier verschweige ich, dass ich normalerweise kein Fleisch esse. Wahrscheinlich sind es die klimatischen Bedingungen, die zu dieser Fülle beitragen.

Sicherlich bin ich hier zudem bei einer vergleichsweise wohlhabenden Familie gelandet. Ich erinnere mich an die Fahrt im Taxi, auf der ich beobachten konnte, wie sich Wüste in Hügel voll sattem Grün verwandelten. Arganbäume, von denen dieses tolle Haut-Öl gewonnen wird, in denen Ziegen glücklich herumkletterten, um an den besten Blättchen nuckeln zu können. Für Marokko muss das hier wohl die Toskana des Landes sein: Fruchtbarer Boden trifft auf fisch-reiches Meer. Das war es wohl, was die surfenden Hippies hierherlockt.

Nach dem Abendessen nimmt mich der Vater mit an den Strand. Er zeigt mir, wo die raue, nasse Luft und die brutalen Wellen die wunderschönen Altstadthäuser schon ganz zer-fressen haben. Das Meer peitscht ununterbrochen gegen die Häuser, weswegen die Stadt riesige Felsbrocken an den Seiten zum Meer aufgetürmt hat, um das Schlimmste zu verhindern. Wir betreten eine wunderschöne Wohnung mit Blick auf das Meer, die von der Familie zu einem Ferienhaus für Surfer ausgebaut werden soll. Ich verspreche, davon allen zu erzählen, die ich in Europa kenne. Zum prophylaktischem Dank möchte Mohammed mir ein Stiftetui aus feinem Ebenholz schenken, er hat es selbst angefertigt. Ich überlege kurz, es abzulehnen und lenke dann doch ein.

»Merci, Mohammed.« In der Nacht schlafe ich auf hun-derten von Kissen unter der Stuckdecke im Wohnzimmer meiner Gastgeberfamilie. Dann tritt Asif auf einmal vor-sichtig herein und fragt flüsternd, ob ich noch wach sei. Wir umarmen uns freundschaftlich und ich spüre:

Er freut sich noch mehr, dass ich gekommen bin, als ich, hier Gast sein zu dürfen. In den nächsten Tagen erkunden wir die kleinen Märkte der Stadt, laufen zur ehemaligen Kifferhütte von Jimi Hendrix und sitzen am Strand.

Jeden Tag bringe ich etwas vom Markt nach Hause, etwas Petersilie, ein paar Tomaten, etwas frisches Brot.

Im Morgengrauen des letzten Tages verlasse ich meine Gastfamilie mit Umarmungen und steige in ein Taxi. Auf der Autobahn in die Riesenstadt Casablanca gibt es einen gewaltigen Stau, sodass die Angst in mir wächst, meinen Bus zu verpassen. Mein Geld ist beinahe aufgebraucht und das Ticket ist das Einzige, was mir noch sicher bleibt.

Mein Puls rast, bis ich den Taxifahrer frage, wie weit es denn noch sei zur Busstation.

»Cinq minutes«, sagt der trocken, fünf Minuten. Also gebe ich ihm mein letztes Geld, hieve meinen Rucksack auf den Rücken und renne zur Busstation. Dort angekommen darf ich ablesen, dass mein Bus sich verspätet, also muss ich stundenlang warten, bis ich Richtung Frankfurt am Main losfahren darf.

Nach den ersten Stunden im Bus passieren wir noch einmal die Tankstelle bei dem Dorf von Raschid und seiner Familie in der Nähe von Fes, wo ich noch vor drei Wochen jeden Tag saß. Niemand ist zu sehen, alles ist furchtbar nass. Es regnet, als wäre es der einzige Regen, der für das Jahr anstehen würde.

Der Bus ist beinahe leer, also habe ich drei Tage Reise in mönchshafter Ruhe vor mir. Perfekt, um das alles zu verarbeiten. Um Abschied zu nehmen und zu verstehen, wie sehr mich diese kurze Zeit verändert hat.

Die schönsten Zeiten auf dieser Reise hatte ich, wenn ich mich fallen ließ. Wenn ich meine geldgestützte Unabhängigkeit, die Sicherheit aufgab. Das war nicht einfach, aber ich habe es erst aus Not getan und dann immer mehr, weil ich es mir zutraute.

Nachhaltig begeistert bin ich von der unkomplizierten Art der Menschen. Sie zeigten mir gegenüber nie auch nur den Funken eines Zweifels daran, dass sie alles stehen und liegen lassen würden, um mir weiterzuhelfen. Einfach so, oder manchmal auch, um damit etwas Geld zu verdienen. Am Anfang irritierte mich das: Sind die Menschen schlecht, die Geld von mir verlangen für ihre Hilfeleistung? Oder bin ich es, mit dem gewaltigen Reichtum meiner Gesellschaft zu Hause, der nicht noch viel mehr Geld in diese Welt bringt?

Durch die viele Langeweile oder die zahllosen Situationen, in denen ich mit Menschen vollkommen zufällig in Kontakt gekommen war, fand ich viel Zeit zum Nachdenken. Irgendwann kam ich zu dem Schluss, dass ich keinen Menschen danach bewerte, ob er Geld für etwas nimmt oder nicht. Das einzige, was wirklich zählt, ist, wie ich ihre Großzügigkeit irgendwann einmal irgendwie weitergebe.

Reisen oder
Urlaub machen

»Man reist ja nicht, um anzukommen, sondern um zu reisen.«

Johann Wolfgang von Goethe

Warum wir in andere Länder reisen? Eine mögliche Erklärung: Wir möchten unsere Identität für eine kurze Zeit aufgeben. Wollen wissen, wie sich ein anderes Leben anfühlt.

In Umfragen antworten viele Deutsche, dass sie im Urlaub »den Alltag hinter sich lassen« (61 Prozent) oder »andere Kulturen kennenlernen« möchten (40 Prozent).[3] Und genau deswegen sind sie oft auch bitter enttäuscht, auf Reisen immer wieder auf ein Spiegelbild ihrer selbst zu treffen. Weniges stört deutsche Urlauber mehr als ihre Landsleute. Das Hauptmotiv für den Urlaub ist aber noch einfacher: »Ruhe finden«.

Das sagen 62 Prozent der Menschen in der gleichen Befragung. Und diese Ruhe suchen drei von vier deutschen Urlaubern im Ausland. Top ist Spanien, dicht gefolgt von Italien und der Türkei.[4]

Aus welchem Grund suchen wir die Ruhe aber in möglichst weiter Ferne? Dafür lohnt sich der Blick darauf, wie unsere Jahreszyklen aufgebaut sind. Der Urlaub ist in der modernen Vorstellung ein Gegenkonstrukt zur Arbeit, das unser Jahr in zwei Bereiche unterteilt:

Arbeitswochen ———————————— Urlaubswochen

Die Urlaubswochen sind in der Regel in zwei bis drei Reisen unterteilt: den Sommerurlaub, einen Winterurlaub und Weihnachten, wo wir entweder zur Familie reisen oder »zu uns selbst«, wie immer gern behauptet wird. Wir finden dann unsere innere Ruhe, zumindest versuchen wir es. Sechs Wochen im Jahr stehen dafür zur Verfügung.

Der Rest besteht aus Arbeitswochen. 46 Wochen im Jahr, also 343 Tage. Dieses Modell hat sich trotz seiner Unattraktivität weithin durchgesetzt.

Es gibt natürlich Ausnahmen: Etwa Work & Travel, bei dem man im Prinzip das ganze Jahr arbeitet, nur eben irgendwo anders. Oder die moderne Form der Weltreise, bei der die Eigendokumentation im Vordergrund steht. Also auch wieder Arbeit. Backpacken in Kambodscha ist Alltagsflucht, und doch entkommt man dem Alltag weniger als erhofft: Selbstauferlegten Stress und das verdammte Smartphone stellen sich Urlauber selbst in den Weg.

In der Arbeit haben wir möglicherweise Ziele, die wir erreichen wollen. Einen bestimmten Job, ein Gehalt, einen Status. Das macht uns wahnsinnig. Davor wollen wir fliehen, zumindest aber brauchen wir Pausen. Ein Urlaub stellt eine Belohnung für den Stress und die Demütigungen der Arbeitswelt dar. Urlaube müssen dann aber auch liefern. Schließlich bleibt uns wenig Zeit und das Geld dafür ist hart erarbeitet.

Der Urlaub ist ein Produkt mit einem angehängten Versprechen. In Spanien, Italien und der Türkei wurden nur für diesen Zweck riesige Hotelanlagen mit der immergleichen Grundidee gebaut: Strand, Pool und Buffet. Es ist das konsumierbare Produkt von dem, was wir heute einen klassischen Urlaub nennen.

Immer wieder aber kehren Urlauber gestresst aus dem Urlaub zurück. Der Terminkalender ließ kaum Platz für Ruhe zwischen Surfkurs, Ausflügen und vielen kleinen, enttäuschten Erwartungen. Das auf Produktivität getrimmte Mindset aus einem Leben, das wir für die Arbeit führen, lässt sich nicht ohne Weiteres für nur zwei Wochen ausschalten. Wenn Reisen ein Ziel haben, bleiben sie letztlich Arbeit. Genau das ist das Problem des Tourismus. Ich müsste lügen, wenn ich behauptete, davon nicht auch betroffen zu sein. Trotzdem gibt es ein paar Tricks, mit deren Hilfe wir den wichtigsten Urlaubsmotiven etwas näherkommen können. Und das überrascht dann vielleicht doch wieder: Alles, was wir dafür tun müssen, ist uns zu Hause ein wenig vorzubereiten.

»Touristen denken bei der Ankunft an die Rückreise nach Hause, der Reisende wird möglicherweise nicht zurückkehren.«

Debra Winger als Kit Moresby im Film »Himmel über der Wüste« (1990), basierend auf dem gleichnamigen Roman von Paul Bowles [5]

Legen wir das Motiv des Urlaubs fest

Das Motiv bestimmt, wie weit wir reisen sollten. Die Budgets an Zeit und Finanzen kommen erst an zweiter und dritter Stelle und helfen uns dabei, einen Rahmen für den perfekten Urlaubsort zu finden.

Fragen wir uns doch als allererstes einmal ganz ehrlich: Warum wollen wir Urlaub machen? Wenn wir weniger als zehn Tage lang nicht arbeiten müssen und hauptsächlich Ruhe finden wollen, müssen wir einen Ort wählen, der unglaublich nah ist. Oder bleiben am besten gleich zu Hause.

Soll dieser Urlaub gleichzeitig noch dein Bedürfnis nach Ferne und fremden Kulturen stillen, stehen wir bereits vor einem unlösbaren Rätsel. Machen wir uns nichts vor: Es gibt keinen Ort auf der Welt, der unser Bedürfnis nach irgendetwas stillen kann. Das können wir nur selbst. Mehr noch: Ruhe finden und fremde Kulturen kennenlernen, das schließt sich aus. Fast wie schlafen und arbeiten; es geht nicht gleichzeitig. Fremde Kulturen sind Arbeit. Eine schöne vielleicht und eine, die uns reicher entlohnen kann als die letzten 46 Wochen im Büro. Aber ohne auf sie zuzugehen, ihnen zuzuhören und das Aushalten von Widersprüchen wird es uns nicht gelingen, eine andere Kultur auch nur im Ansatz zu erschließen. Wir müssen uns nicht zwangsläufig wochenlang mit Büchern und Dokumentationsvideos auf sie vorbereitet haben, aber zwei Dinge sollten wir zumindest mitbringen: Zeit, um aus Frustrationen zu lernen und Offenheit, uns auf unsicheres Terrain zu begeben. Allzu oft machen wir den Fehler, mit der Wahl eines Urlaubsziels bereits ein Versprechen einzulösen, das Andere und uns selbst nur enttäuschen kann.

Einen Schritt zurückzugehen und sich auf ein einziges Motiv festzulegen, das mag erst einmal ziemlich hart erscheinen, erspart aber am Ende viel Ärger. Die hier folgende Entscheidungsmatrix überträgt die Dualität aus Motivwahl und der vorhandenen Zeit in eine kompakte Übersicht. Sie soll dem wissenschaftlichen Anspruch dieses Buchs gerecht werden. Sämtliche Zahlen sind natürlich nur grobe Richtwerte.

Zeit	Reisemotiv	Distanz
2 Wochen	Ruhe finden	Maximal 100 Kilometer.
2 Wochen	Fremde Kulturen	Maximal 100 Kilometer und die Klappe halten.
3-4 Wochen	Ruhe finden	Maximal 600 Kilometer und sich im Gastland ruhig auch mal mit der lokalen Kultur beschäftigen.
3-4 Wochen	Fremde Kulturen	Bis zu 800 Kilometer. Das reicht für ein Nachbarland in Europa.
1-3 Monate	Ruhe finden	Im Umkreis von fünf Kilometern einen Schrebergarten anmieten.
1-3 Monate	Fremde Kulturen	Jetzt wird es spannend. Bis zu 3000 Kilometer sind hier drin. Das reicht für die Türkei, Nordafrika oder Russland.

Wenn wir Ruhe suchen, sollten wir nicht in ein anderes Land reisen. Schließlich gibt es sehr viele schöne Orte zum Entspannen in der unmittelbaren Umgebung von so ziemlich überall. Am besten ist es eigentlich, gar nicht zu verreisen. Einfach zu Hause bleiben.

Endlich mal den Italiener auf der anderen Straßenseite probieren oder in ein anderes Stadtviertel fahren! Wie wäre es mit der nächstbesten Kreisstadt? Wenn wir ein anderes Bett sehen wollen und den Service einer bezahlten Unterkunft mit täglich gemachten Betten und einem Frühstück brauchen, können wir schon nach 15 Minuten Busfahrt am See oder im Wald in einer Pension unterkommen.

Mit etwas Glück gibt es dort eine Sauna, in der wir zehn Minuten lang sitzen, uns dann auf eine Liege begeben, nur um dann noch einmal in die Sauna zu steigen und ein weiteres Mal für die doppelte Zeit die Tragfähigkeit einer Liege zu erproben. Mit einem wohlig-müden Taumel werden wir dann im nächstbesten Restaurant ein Glas Wein und eine sättigende Mahlzeit zu uns nehmen, um daraufhin den Rest des Tages im Bett zu verbringen. Und die Kinder? Geben wir vorher bei den Eltern ab. Wenn unser Partner genau das Gleiche sucht wie wir, also Ruhe, nehmen wir sie oder ihn mit. Wenn nicht, geben wir die Kinder bei den Eltern ab und den Partner in einem dieser Parks, in denen man auf Seilen durch die Bäume klettern kann.

So und nicht anders sieht ein Urlaub aus, der das Bedürfnis nach Ruhe und Entspannung stillt. Es gibt keine oder nur eine lächerlich kurze Anreisezeit. Stress und Frustration bekommen keine Chance. Und es gibt weiter nichts zu tun, als zu schlafen, zu essen, zu trinken, ein wenig zu laufen und zu beobachten.

Eine Reise nach Italien, Spanien oder gar Ägypten dagegen würde unsere volle Aufmerksamkeit erfordern. All die Saunas und Liegen dort sollten wir freilassen für all die hartarbeitenden Menschen dieser Länder, die sie selbst brauchen.

Die Wahl des Ziels

Jaja. Natürlich ist es viel spannender, in ein anderes Land zu reisen. Ganz einfach, weil es anders ist. Wenn wir uns genug Zeit nehmen, kann das die bessere Reise werden, gar keine Frage. Schließlich hilft uns das Fremde, uns einen Spiegel vorzuhalten, sie hat das Potenzial, unser Leben für immer zu verändern! Und wie es immer ist mit allen großartigen Dingen, ist es auch hier nicht anders: Die Vorfreude ist schon das Schönste daran. Wie also finden wir den richtigen Ort, der das Ziel unserer Reise sein wird? Zum einen gibt es da diese Sehnsuchtsorte, die in unseren Gedanken herumgeistern. Die sind meist geprägt von Erzählungen anderer, von Filmen, Büchern und Musik. Erstellen wir doch eine Liste mit diesen Orten. Danach schnappen wir uns einen Globus oder öffnen die Erdball-Ansicht in Google Maps. Legen wir den Finger auf den Punkt, an dem wir uns gerade befinden und gehen wir die Orte durch, die auf der Liste stehen. Sortieren wir die Sehnsuchtsorte nach Entfernung und machen uns anschließend an die Arbeit, herauszufinden, wie wir dort hinkommen könnten. Entweder tun wir das alles allein oder mit unseren zukünftigen Reisepartnern gemeinsam. Das kann ein richtig guter Abend werden mit unglaublich viel Wein und Nüsschen. Es kann aber auch im Streit enden. Vergessen wir daher niemals diese Regel: Das Reisemotiv muss bei allen Reisenden weitgehend deckungsgleich sein, sonst funktioniert es nicht. Wenn wir da Dissonanzen bemerken, verreisen wir lieber gar nicht erst gemeinsam. Ist das Motiv aber das Gleiche, kann eigentlich nichts schiefgehen. Außer vielleicht, man kann sich ohnehin nicht wirklich ausstehen.

Pauschal oder selbstbestimmt?

Angenommen, unser Sehnsuchtsland ist Italien und genau dort möchten wir demnächst Urlaub machen. Es gibt günstige Pauschalangebote, sieben Tage mit Hotel und Halbpension für wenige Hunderte Euro.

Oder individuell? Das bedeutet heute meist, einen Flieger buchen und eine Wohnung via Airbnb anmieten. Urlauber bekommen dort alles geboten, was man üblicherweise so erwarten würde: ein solides Doppelbettzimmer, eine Broschüre mit Ausgehtipps und vielleicht noch eine Führung bei einem lokalen Winzer. Es ist jedoch vollkommen egal, ob der Urlaub pauschal gebucht oder selbst organisiert ist. Es spielt auch keine Rolle, wohin es geht. Ob Mallorca oder Bangkok: Das sind alles reine Modefragen. Wer einen Urlaub macht, der macht Fotos von sich und der Welt, sammelt Beweise und rennt durch einen Ort, den er niemals wirklich kennenlernen wird. Oft bleibt weder Zeit für Entspannung noch für echten Austausch, der sich ganz einfach nicht planen lässt.

Ein Urlauber ist Teil einer Kultur der Ausbeutung, die ganze Orte zu einem bloßen Objekt macht. Unter dem Druck der Wünsche riesiger Touristenströme muss sich dieser Ort anpassen und nicht sein Besucher. Die Folge kennen wir alle: Die Touristenzentren fühlen sich gleich an, egal wohin wir fahren.

Overtourism, so wird eine Folge dieser Art des Urlaubs genannt, bei dem Orte wie Venedig zu einer Schablone für den Traum von Millionen von Menschen werden. Ein normales Leben ist für die Bewohner an diesen Orten kaum noch möglich. Ihre Besucher bleiben nur wenige Tage, wollen eine Liste mit Orten abarbeiten und nicht überrascht werden. Sie erwarten etwas von ihrem Reiseziel, sind aber nicht bereit, selbst zu warten: auf überraschende Wendungen und radikal Neues.

Das Problem mit dem Flieger

Dazu kommt die ökologische Dimension: Im Jahr 2018 haben Zahlen des Internationalen Rats für sauberen Verkehr (ICCT) zufolge alle Passagierflüge dieser Welt zusammengerechnet knapp 734 Millionen Tonnen CO_2 ausgestoßen.[6]

Zum Vergleich: Die Bundesrepublik Deutschland hat mitsamt aller Autos und der kompletten Industrie mit 800 Millionen Tonnen in etwa den gleichen Ausstoß wie alle Passagierflüge zu verbuchen. Das Ziel, die Klimaerwärmung im Rahmen zu halten, damit die Nahrungsmittelproduktion nicht zusammenbricht und küstennahe Städte untergehen, lässt sich Wissenschaftlerinnen und Wissenschaftlern zufolge nur erreichen, wenn jede und jeder von uns maximal 2,3 Tonnen CO_2 im Jahr verbraucht. Ein Flug von Frankfurt am Main nach Rom und zurück erzeugt allerdings bereits 600 Kilogramm pro Kopf.[7] Damit blieben nach dem Besuch des Trevi-Brunnens nur noch 1,7 Tonnen des individuellen Jahresbudgets übrig. Diese Menge geht beim Durchschnitt der europäischen Bevölkerung jedoch bereits vollständig für die Ernährung drauf.[8]

Nach einer solchen Reise wäre im CO_2-Budget also einfach gar nichts mehr möglich: kein Heizen, kein Stromverbrauch und kein privates Auto. Reisen mit dem Flugzeug oder dem noch schädlicheren Kreuzfahrtschiff sind demnach maximal alle paar Jahre vielleicht in Ordnung. Sie gehen auf Kosten unser aller Zukunft.

Die moralische Frage muss uns nicht ständig begleiten. Soll heißen: Hier geht es nicht darum, ob ein Urlaub wegen seines Mittels zur Fortbewegung okay oder nicht okay sein soll. Allein die Debatte wäre falsch.

Das Argument ist ein anderes. »Urlauben« heißt, unsere Vorstellungen über das Leben mitzunehmen, statt sich von einem Ort verändern zu lassen. Eigentlich suchen Urlaubende nur die Flucht aus dem Alltag. Sie brauchen Ruhe, wollen endlich nichts tun. Dafür müssen wir nicht verreisen.

Ohnehin: Reisen, das ist etwas ganz anderes. Wenn wir heute verreisen wollen, also viel Zeit haben und fremde Kulturen kennenlernen wollen, denken wir meist groß: Möglichst weit weg soll es gehen. Gleichzeitig darf es nicht zu lange dauern, dorthin zu kommen. Schließlich wollen wir unser knappes Zeitbudget effizient nutzen. Die Zeit an unserem Sehnsuchtsort steht ganz oben auf der Prioritätenliste, wir wollen sie voll auskosten. Genau deswegen wählen wir den Flieger: Er ist einfach unschlagbar schnell und obendrein noch so billig. Gäbe es dagegen keine Flugzeuge, würde kaum jemand auf die Idee kommen, an einen Ort wie Tibet zu reisen. Schon gar nicht in zwei oder drei Wochen. Das Flugzeug hat ganz neue Reiseträume ermöglicht. Es hat die Welt kleiner gemacht, sagt man oft. Aber stimmt das wirklich? Nein, es stimmt nicht.

Denn wir machen an diesen fernen Orten dann doch wieder nur Urlaub, legen uns an einen Pool oder halten eine Kamera zwischen unser Gesicht, den Ort und die Menschen. Wirklich weg von uns selbst und unseren Landsleuten kommen wir auch nicht, denn die sitzen im selben Flieger mit dem gleichen Ziel wie wir.

Reisen mit dem Flugzeug sind Zeitverschwendung

Wenn wir nach Italien wollen, warum ignorieren wir alle wunderbaren Orte auf dem Weg dorthin? Warum wollen wir unbedingt nach Bali, wenn wir noch nie in Polen waren? Was wollen wir in Ägypten, wenn wir eigentlich nur am Meer rumliegen wollen? In Europa sind wir umgeben von Meer. Fünf der neun Nachbarländer Deutschlands haben Küsten und Strände, die direkt vor unserer Nase liegen und mit Auto, Zug oder Bus erreichbar sind. Es ist bestenfalls ignorant, das alles zu verpassen. Schlimmstenfalls ist es eine vertane Chance, die Schönheit dieser Welt kennenzulernen.

Sehen wir es so, macht es gar keinen Sinn, zu fliegen. Man könnte angesichts der verlorenen Augenblicke an den überflogenen Orten sogar so weit gehen, zu sagen: Die Reise mit dem Flugzeug ist verschwendete Zeit.

Reisen, das suggeriert uns erst einmal Exotik. Die Welt will angeblich von uns entdeckt werden. Immer weiter weg muss es sein, damit wir dafür noch gesellschaftlichen Respekt erwarten dürfen. Vor hundertfünfzig Jahren waren das weißbehutete Herren, die Afrika erkundeten und mit gestohlenen Schätzen heimkehrten. Später sind es Europäerinnen, die sich einen roten Punkt auf die Stirn malen, weil sie gerade aus Indien zurückgekehrt sind.

Sie haben unsere Vorstellung von Reisen geprägt. Dabei geht es erstaunlich wenig um das Reisen an sich, also den Weg irgendwo hin. Am besten verschwinden, maximal als Randnotiz bleiben soll der Weg. Es geht auch für Individualreisende vor allem darum, scheinbar außergewöhnliche Exotik-Beweise mit nach Hause zu bringen: auf Fotos und in Videos oder gedruckt auf hässliche T-Shirts. Das Ziel ist dabei weder der Weg noch der Ort, an dem wir landen, sondern unser eigenes Ego.

Eine gute Reise darf kein Ziel haben

Wenn wir wirklich reisen, benötigen wir kein Flugzeug und erreichen auch nur beiläufig Orte, an denen Hundertschaften urlaubsuchender Touristen unseren Weg kreuzen. Ein reisender Mensch ist selten ungeduldig, sie oder er kennt kein Ziel. Was das bedeuten soll, »wirklich reisen«? Den Weg zum Ziel machen! Das klingt erstmal nach einem schnöden Bonmot. Aber es ist genau das, was die Reise vom Urlaub unterscheidet. Die oder der Urlaubende bucht vorher und kettet Erwartungen an Versprechen der Reiseunternehmen, Magazin-Stories oder Instagram-Postings.

Die Reisende dagegen macht sich auf den Weg und erwartet nur sehr wenig. Für sie ist die Reise von ständigen Wendungen geprägt. Noch ein Kalenderspruch: »Die Welt ist ein Buch. Wer nie reist, sieht nur eine Seite davon.« Diese Worte stammen angeblich von Augustinus Aurelius, einem frühchristlichen Theologen und Philosophen.

Zu seinen Lebzeiten, 354 Jahre nach Christus, wusste der noch nichts von Pauschalurlauben und City-Trips mit einem Flieger. Hätte er diese Urlaubsformen aber gekannt, so hätte er mit Sicherheit hinzugefügt: Wer die Seiten eines Buches nur überfliegt, hat das Buch deswegen noch lange nicht gelesen.

Es gibt ein starkes Argument für die Reise, auch wenn wir dafür eine gewisse Anstrengung auf uns nehmen. Das klingt erst einmal abschreckend, aber wer einmal etwas außergewöhnlich Schweres geschafft hat, weiß, dass die Belohnung dafür umso größer ist. Es ist doch so: Uns steht es frei, zu wählen, wie weit weg unser Reiseziel ist. Wenn es ein fernes Ziel sein soll, dann fordert das eben etwas von uns. Sehr viel Zeit zum Beispiel. Es wäre einfach unfair, zu behaupten, alle Orte dieser Welt seien gleich leicht erreichbar. Die Preispolitik der Reiseunternehmen und Fluggesellschaften suggeriert uns das zwar, aber es bleibt Bullshit.

Von einem Ort mitnehmen lassen

Wir sollten versuchen, beim Reisen offen zu bleiben und unsere Eitelkeit dabei so weit hinten anzustellen wie nur möglich. Statt immer wieder etwas nach Hause mitbringen zu wollen, könnten wir doch einmal versuchen, uns von dem Ort mitnehmen zu lassen. Unsere persönlichen Vorstellungen von einem guten Leben einmal kurz ignorieren und für einen Moment ein bisschen so leben wie die Menschen, deren Heimat wir besuchen. Möglicherweise kommt das dann dem nah, was eine echte Reise ausmacht. Wir kommen nie wieder so richtig zurück nach Hause. Zumindest nicht so, wie wir losgereist sind.

Im Zug
nach Iran

Einen Sehnsuchtsort zu haben, das ist eines der schönsten Dinge des Lebens. Wir können ihn jederzeit besuchen, wenn wir die Augen schließen und träumen. Das Gefühl, das sich beim Denken an ihn einstellt, die Bilder, die Gerüche, das Essen, die Luft und das Licht. Es spricht viel dafür, dass Sehnsuchtsorte mehr über uns selbst sagen, als wir von ihnen zu wissen glauben.

Iran war für mich lange einer dieser Orte. Woher das kam, kann ich unmöglich sagen. Vielleicht eine Faszination aus exotischen Bildern, die ich in Dokumentationen sah, aber auch der Hauch des Verbotenen umschlang diesen Ort. Im Jahr 2014 ist das Land von internationalen Sanktionen überzogen. Nur wenige Produkte dürfen die ölreiche Republik am Persischen Golf verlassen. Besucherinnen und Besucher aus vielen Nationen müssen daher auch Bargeld mitnehmen, denn Bankgeschäfte sind vielen Unternehmen untersagt.

Doch obwohl die Republik von kriegsgeplagten Nationen umgeben ist, stellt eine Reise dorthin kein besonders großes Risiko dar. Es ist nur ziemlich weit weg für eine Zugreise. Ich will es trotzdem angehen. In kleinen Etappen, Land für Land. Eine berufliche Umorientierung ermöglicht es mir, genug Zeit zu finden. Ganze drei Monate werde ich unterwegs sein. Lediglich ein Visum für Iran, ein Reisebuch sowie ein sehr kleines Notebook habe ich mir vorab besorgt, als ich einmal wieder am Bahnhof stehe. Meine erste Reise führt mich von Berlin nach Dresden, wo meine Eltern leben. Ein paar Tage später breche ich auf nach Wien, wo ich ebenfalls Verwandte besuchen kann.

An einem Morgen am Wiener Hauptbahnhof kaufe ich mir mein Ticket nach Belgrad und darf den Zug bereits eine Stunde später betreten.

Die Fahrt verläuft über Budapest und soll die serbische Hauptstadt am späten Abend erreichen. Ich zahle dafür etwas mehr als 50 Euro. Nichts ist vergleichbar mit dem Eintritt ins Dunkle. Damit ist nichts Anrüchiges oder Negatives gemeint, sondern einfach nur das, was wir noch nicht erkennen, weil das Licht noch nicht in unsere Augen reflektiert hat. Es sind Gefühle, an denen man erkennen kann, das Richtige zu tun: Angst gehört dazu. Ein bisschen Vorfreude sollte sie überdecken. Im Zug sitze ich in Fahrtrichtung, ich will sehen, was vor mir liegt. Die üppigen Häuser der reichen Niederösterreicher verwandeln sich nach der Grenze zu Ungarn in etwas bescheidenere Behausungen mit kleinen Gärten, die für die Selbstversorgung ausgelegt sein könnten. Als die Häuser wieder prächtiger und höher werden, erreiche ich das wunderschöne Budapest. Viel Zeit bleibt mir nicht, um einen Spaziergang durch die prachtvollen Straßen um die Donau herum zu unternehmen. Nach 30 Minuten sitze ich bereits im nächsten Zug, der mich nach Serbien bringen wird.

Es ist bereits Nachmittag und ich habe noch nicht einmal etwas Vernünftiges gegessen, also wechsele ich schon nach wenigen Fahrminuten auf einen Platz im Bordbistro. Es gibt Bratkartoffeln und dazu ein Flaschenbier. Nur wenige weitere Gäste sind mit mir an Bord. Belgrad scheint zu dieser Zeit kein allzu gefragtes Ziel zu sein. Draußen vor dem Fenster ziehen wieder die Häuser vorbei. Es ist März und alles sieht ein wenig matschig und grau aus. Trotzdem können meine Augen nicht ablassen, zu spannend ist das da draußen alles. Wie die Menschen hier wohl leben? Ich sehe unbefestigte Wege und kleine Bauernhöfe mit einer Handvoll Ziegen. An einem Haus sehe ich eine sehr, sehr alte Frau, die trotz der Kälte draußen sitzt und, genau wie ich, einfach nur beobachtet. Sie raucht dabei und blickt mir für eine Sekunde in die Augen. Gelegentlich schreibe ich Notizen in das Tagebuch, dass ich seit Beginn meiner Reise mit Eindrücken fülle. Für einen Moment blicke ich noch einmal zurück und schreibe hinein: »Es ist spannender, im Zug zu sitzen, als in Wien zu sein.«

Als mein Zug die serbische Grenze erreicht, frage ich den Kellner im Bordrestaurant, ob denn Zeit sei für eine Zigarette am Bahnhof. Er antwortet:

>»Du musst den Zug dafür nicht verlassen! In Serbien kannst
>du überall rauchen.«

»Wie jetzt? Hier im Zug?!«

>»Na klar!«, meint der grinsend und steckt sich selbst

stolz eine an. In den nächsten Stunden verwandelt sich das Bordrestaurant in eine Art Bordkneipe.

Selbstredend komme ich mit dem Personal ins Gespräch, andere Gäste tauchen so gut wie nie auf. Nur der Kontrolleur stößt regelmäßig dazu für seine Pause. Sie erklären mir, dass ihre Schicht auf der serbischen Strecke eigentlich vorbei sei und sie nun tun können, was sie wollen. Einer von ihnen baut zwei Lautsprecher auf und schließt ein Handy daran.

Wir hören Pop, ich bestelle mir noch ein Bier. Nach zwei Stunden fällt mir ein, dass ich meinen Rucksack noch ein Abteil weiter stehen lassen habe. Ich dachte ja, dass ich nur schnell etwas essen gehe. Beim Sitz mit meinem Rucksack raunt mich ein anderer Gast an:

»Wie können Sie ihr Gepäck hier nur stehenlassen? Ist Ihnen gar nicht klar, dass das alles längst weg sein könnte?«

»Ist es aber nicht«, sage ich mit einem verständnislosen Lächeln und einer verheimlichten Erleichterung. Warum auch sollen die Menschen hier mehr stehlen als in einem ICE in Deutschland? Wenn ich davon ausgehen würde, dass die Welt schlecht sei, würde ich sie nicht bereisen, denke ich mir. Zurück in der Bordkneipe spiele ich Musik von meinem Reisenotebook. Die Stimmung ist heiter und wir unterhalten uns über Serbien. Einer der Kellner hat ein Auge auf mich geworfen: »Bist du schwul?«, fragt er mich. »Denn als du den Zug betreten hast, habe ich deinen Gang beobachtet. Eindeutig schwul!« Enttäuscht raucht er eine weitere Zigarette.

Ohnehin ist kaum noch zählbar, wie viel Bier und wie viele Zigaretten diese Fahrt auf dem Gewissen hat. Die Außenwelt beobachten kann ich jedenfalls nicht mehr. Es ist ja dunkel. Um kurz nach zehn Uhr abends erreicht der Zug Belgrad. Erschöpft zischen die Bremsen, um die Waggons zum Stehen zu bringen. Gut gelaunt verabschiede ich mich von den beiden Kellnern sowie dem Kontrolleur, der die letzte Stunde auch bei uns abhing, und betrete den Bahnhof.

Der ist in einem erbärmlichen Zustand, ungepflegt, stinkend und leer. Mein von Wien aus gebuchtes Hostel habe ich mir auf einer kleinen Karte gekennzeichnet. Es nieselt, also ziehe ich meine Regenjacke zu und laufe los. Die Straßen der Hauptstadt sind wie der Bahnhof, also düster und menschenleer. Trotzdem bin ich voller Vorfreude und bestaune, wie Neonlicht auf dem nassen Asphalt reflektiert, bis ich vor der Tür eines riesigen Altbaus stehe. Dort steige ich bis in den fünften Stock hinauf, öffne dann eine schwere Tür und betrete den Raum mit einer kleinen Rezeption, die von einer wunderschönen Frau mit langen schwarzen Haaren geführt wird. Ich habe Glück, denn sie sagt: »Dein Vierbettzimmer hast du diese Nacht ganz für dich allein.«

Im Raum steht außer mir und der Rezeptionistin noch ein Amerikaner und ich frage ihn, ob er noch einmal mit mir auf ein Bier rausgehen will. Er willigt ein und in der Kneipe unten auf der Straße lässt er mich wissen, dass er schon seit stolzen zwei Jahren unterwegs ist. Losgereist war er einmal mit seiner frischgeheirateten Frau. Die beiden trennten sich auf der Reise und seitdem ist er einfach weitergereist. Ich frage ihn, ob er Angst davor hat, zurück nach Hause zu gehen.

Und frage mich selbst, ob wir alle nicht vor etwas fliehen, wenn wir auf eine Reise gehen. Nach wenigen Tagen in dieser Stadt voller Glatzköpfe und Betonklötze mit ihrem sperrigen Charme fliehe ich jedenfalls bereits weiter. Nicht, weil es mir hier nicht gefällt. Belgrad hat was und ich werde wiederkommen, aber ich bin der Meinung, mich nicht in jede Zwischenstation verlieben zu müssen.

Am Abend geht es für mich in einem Nachtzug für nur knapp 30 Euro weiter, in die bulgarische Hauptstadt Sofia. Eine etwas verunsicherte deutsche Studentin teilt sich ein Abteil im Schlafwagen mit mir. Sie ist beruhigt, einen gleichaltrigen Menschen ihr gegenüber zu haben und am Morgen noch entspannter: Nichts wurde ihr geklaut und auch ich erwies mich offenbar als zumindest angenehmer Gesprächspartner für den Kaffee, den der bulgarische Schaffner gegen 7:30 Uhr morgens mitsamt unserer Reisedokumente ins Abteil bringt. »Thirty minutes! Then: Sofia!«, fährt er uns an, während wir am Fenster mit Staunen beobachten, dass der Zug wieder im Winter angekommen ist.

Ein Bahnhof aus tiefsten Ostblock-Zeiten, kyrillische Schilder und Schnee begrüßen mich am Bahnhof, den ich mit meiner für diese Klimaverhältnisse völlig ungeeigneten Kleidung betrete. Noch in Belgrad, bei frühlingshaften Märztemperaturen, buchte ich mir ein Hostel, das sich durch ein Foto von lauter jungen, coolen Herbergsgästen von seiner Konkurrenz auf der Buchungsplattform absetzte.

Ich krame in meinem Rucksack nach warmer Kleidung und stapfe durch den leichten Schneesturm im morgendlichen Sofia. Ziemlich offensichtlich sind alle hier überrascht von dem Wetter, traurige Gesichter, mutmaßlich gekennzeichnet vom Weg zur Arbeit, blicken hinab auf den Boden. Der graue Himmel und die Stadt gehen eine optische Symbiose ein. Wenn ich nach oben gucke, fallen Schneeflocken in meine Augen. Ich stapfe weiter durch frischen Schnee, meine Füße werden nass. In einem Hinterhof entdecke ich das Hostel, vom schnee-befallenes Holz ziert die Fassaden, die mich an eine Bergsteigerherberge erinnern. Junge, coole Rucksacktouristen wie auf dem Werbebild sehe ich erstmal keine.

Dann betrete ich die Bude. Dort ist es nicht nur warm, auch voll mit den versprochenen jungen, coolen Menschen.

Sie alle verstecken sich vor dem Schnee, schlürfen ihre Müslischalen und dünnen Kaffee oder klicken auf ihren Notebooks rum. Eine Mitarbeiterin des Hostels bietet mir einen Tee an und ich löse mich aus meiner nassen Kleidung, bevor ich etwas Schlaf in meinem leeren Sechsbettzimmer nachhole. Später am Tag erkunde ich die Stadt zu Fuß. Ohnehin die beste Art, sich fortzubewegen. Nur so kann ich das Tempo jederzeit selbst bestimmen, kann stehen bleiben, wo es mir gefällt oder schneller laufen, wo ich mich unwohl fühle.

Wenn es irgendwo mal richtig gut aussieht, trete ich ein, ohne erst anhalten und einen Parkplatz finden zu müssen. Vor allem aber kann ich beobachten. Sofia ist von einer schroffen Schönheit geprägt, weniger gigantomanisch als Belgrad und etwas multikultureller. Osmanische Einflüsse in Minaretttürmen bauen sich neben der prächtigen Fassade einer Synagoge in die Höhe. Eine Straße von dort führt direkt auf eine russisch-orthodoxe Kirche zu, die vor einem riesigen Gebäude steht, dessen architektonische Handschrift unverkennbar noch weiter im Osten liegen muss. Die Straßen sind gespickt von flachen Gründerzeitbauten, wie wir sie in Zentraleuropa kennen und ergänzt mit einfacher Nachkriegs-Architektur.

Simple Kioske verkaufen aus Kellerfenstern und hippe Restaurants versuchen die kreative Klasse der Stadt mit von der Decke hängenden Weinflaschen und aufwendiger Beleuchtung anzulocken. Nett finde ich es hier. Trotzdem steht mein Entschluss schon seit dem Morgen fest: Morgen breche ich auf nach Istanbul.

Schließlich befinde ich mich auf einer Flucht nach vorne. Auch wenn der Weg das Ziel ist, bleibt das Ziel immer noch das Ziel. Und das ist Iran.

Wer mit einem solchen Fatalismus durchs Leben geht, also bereits meint, durch seine eigene Vergangenheit zu gehen, kann sich in aller Regel auf etwas gefasst machen. An meinem letzten Abend im Hostel wird mir die Teilnahme an einem Pub Crawl angeboten, also einer Tour durch die lokale Barszene. Wie in aller Welt hätte ich dazu nein sagen können? Die Gruppe ist angenehm klein. Unser erfahrener Vorsteiger Marek von der Bergsteigerhütte, ein Kanadier namens Christopher, der Anna schöne Augen macht, einer weiteren deutschen Bergsteigerin neben mir. Ich selbst bin das letzte Glied dieser Kette, versuche aber immer wieder an Christopher vorbeizukommen. Die erste Etappe ist erreicht, als wir eine Art American Diner erklimmen. Müde vom immer noch wehenden Schneesturm lassen wir uns nieder. Warmer Whisky wärmt unsere kalten Kehlen.

Immer höher hinauf steigen wir Richtung Gipfel, Etappe um Etappe wird der Sauerstoff immer knapper, unsere Wörter länger und unsere Sätze brauchen Karabiner, um noch sicher zusammenzuhalten. Ich schaffe es diesen Abend nicht auf den Gipfel. Die Gruppe muss mich kurz vor den letzten Höhenmetern zurücklassen. Sie nehmen mich dafür wieder mit runter zum Ursprungspunkt unserer Exkursion, dem Bettenlager in unserer Bergsteigerhütte. Dort wache ich am nächsten Morgen müde und fertig vom Erlebten der Vornacht auf.

Verdammt. Ich wollte noch eine von diesen kostenfreien Touren durch die Stadt mitmachen, bevor ich mich in den Zug nach Istanbul setze.

Also werfe ich mich rasch in Schale und betrete mit dem Schutz einer Sonnenbrille wieder den Tag. Gott sei dank hat die Gruppe gewartet.

An einem von zwei versteinerten Löwen bewachten Eingang eines Regierungsgebäudes im Stadtzentrum stehen sie, die Backpacker, und lachen über Anna, die vom Vorabend. Sie, die »Deutsche«: unpünktlich?

»Wie kann das sein?«

Und jetzt auch noch ich: Der Gruppenleiter fragt nach meinem Namen.

»And where are you from?«

»Germany.«

Haha. Alle lachen. Nach dem Abend zuvor ist es mir fast ein bisschen unangenehm, dass Anna auch hier ist. Ein Teil von mir freut sich trotzdem. Immerhin habe ich auf der langweiligen Tour durch die Stadt jemanden zur Unterhaltung, den ich schon kenne. Ich jedenfalls versuche sie immer wieder mit Witzen zu unterhalten. Stoße leider nur auf wenig Resonanz. Als die Tour vorbei geht, lade ich sie trotzdem auf eine Suppe ein. Und sie sagt ja.

Bis in den Abend hinein erkunden wir die Stadt dann auf unsere eigenen Fäuste. Die wirklich spannenden Stellen einer Stadt sind ja so gut wie nie in der Innenstadt zu finden, sondern meistens kurz davor. Also genau an den Stellen, die ein Fremdenführer in der Regel auslässt. Das holen wir jetzt nach und ich »vergesse« es, zum Bahnhof zu gehen, um hier Richtung Istanbul wegzufahren. Stattdessen trete ich, zurück im Hostel, an die Rezeption und frage, ob ich noch einen Tag

bleibe könne. »Sure«, sagt die Rezeptionistin etwas gleichgültig. Ist ihr doch egal. Also bleibe ich noch einen Tag. Und
noch einen. An meinem dritten Morgen in Sofia geht die
Sonne auf über dem Witoscha-Gebirge, dass sich vor der
Stadt aufbaut. Der Frühling kehrt zurück. Am Ende bleibe
ich sieben Tage.

Wie gut, dass ich diese Reise nicht durchgeplant habe. Ganz
ohne Buchungen und Tickets in den Tag hineingestolpert bin.
Sonst hätte ich meine heutige Frau wohl nie kennengelernt.
Am siebten Tag muss Anna mit ihrem Flieger wieder nach
Deutschland. Sie hatte alles vorab gebucht, per Billigflieger
eine Woche Urlaub am billigsten Ort, den sie finden konnte
und dann wieder ins Büro. Plötzlich bin ich wieder allein.
Unerträglich, an so einem Ort zu bleiben, an dem man so viel
Glück erlebt hat. Alles erinnert einen an die Vergänglichkeit.
Bloß weg hier.

Sofort breche ich auf zum Hauptbahnhof, der auch bei Son-
nenlicht noch immer furchtbar grau anzusehen ist. Mein
Ticket für den Nachtzug nach Istanbul kostet mich 45 Euro,
ich kaufe es in einem kleinen Büro für Fernreisen, versteckt
hinter Gängen in einer Art Bürotrakt des Gebäudes. Die Frau
dort spricht kein Englisch, der Ticketkauf gestaltet sich ent-
sprechend schwierig. Als sie meinen Pass zu sehen bekommt,
raunt sie mich an: »Sagin Sie dohch glich!« Mit einem möglicherweise nur gedachten Lächeln händigt sie mir mein
Ticket aus: »Tschiss!«

Mitten in der Nacht auf einer dieser alten Pritschen des
Nachtzuges, den die Deutsche Bahn offenbar nach ganz
Europa verscherbelt hat, klopft es wie wild gegen die Scheibe.
»Get out! Passport Kontrol!«, die Betonung liegt auf dem
scharfen »K«. Ganz offenbar wollen die bulgarischen und

türkischen Grenzer sehr deutlich machen, dass das hier kein Witz sein soll. Trotzdem kichern die zwanzigjährigen Backpacker in ihren Abteilen.

Die wenigen türkischen und osteuropäischen Fahrgäste, die diese Reise nicht wie wir zum Spaß machen, kennen das Prozedere und laufen den Polizisten müde, aber gehorsam entgegen.

Eingehüllt in dünne Jäckchen entfernen wir uns mitten in der Nacht vom Zug und gehen durch eine unwirtliche Gegend. Es ist stockdunkel, so sehr, dass wir wirklich absolut gar nichts sehen können außer Gleisen und ein paar fernen Industrielampen. Nach wenigen Minuten erreichen wir eine kleine Baracke, in der alle bei grellem Licht stehen bleiben und der Reihe nach die Pässe rausrücken sollen. Sie werden dann in einem kleinen Büro akribisch kontrolliert und mehr oder weniger wortlos, aber ernsten Blickes wieder zurückverteilt. Einigen der jungen Backpacker ist das Lachen mittlerweile vergangen, dabei ist die Sache damit schon erledigt. Niemand muss dortbleiben oder gar wieder zurück. Deswegen laufen alle erleichtert wieder durch diese merkwürdige, sicherlich provisorisch eingerichtete Grenzanlage über verwaiste Gleise, entlang ausrangierter Containerzüge. Der Zug fährt weiter und wir dürfen unseren Schlaf fortsetzen.

Der Nachtzug lässt einem keinen echten Schlaf, aber ein kontinuierliches Tuckern wiegt uns immerhin in einer gewissen Sicherheit, dass der Zug die allermeiste Zeit tatsächlich fährt und nicht schon wieder in so eine obskure Kontrollsituation reinrollt. Dankbar sind wir, dass der Zugführer nie besonders schnell fährt, denn dann würde unser Kopf bei einer der Rangierstellen wahrscheinlich an die Decke knallen und damit wiederum die Person über uns wecken.

Wer wirklich müde ist, findet auch im Schlafwagen seine Ruhe. Für alle anderen gibt es bulgarischen Rakija, einen besonders brennbaren und nervenabtötenden Obstbrand.

Alle im Zug sind sich einig: Toll, dass der Zug fährt, egal wie schnell. Wann bewegt man sich schon einmal im Schlaf fort?

Bis ganz nach Istanbul schaffen wir es dann aber doch nicht. Schon kurz nach der türkischen Grenze sollen wir erneut aussteigen und unsere ganzen Sachen gleich mitnehmen. Einige Gesichter sind ratlos, andere wissen bereits: Weiter geht es mit einem Linienbus, der uns in Richtung der aufgehenden Sonne fährt. Die türkische Metropole zeichnet sich schon weit außerhalb ihres Herzens ab. Wie aus einer warmen Kanne gegossene Asphaltstraßen führen in eine Stadt, deren Verantwortliche hier offenbar einen roten Teppich ausrollen wollen für alle, die einmal glaubten, dass die Türkei nicht alles, wirklich alles, könne. Die Fassaden jedes Wohnblocks entlang der Autobahn strahlen in frischen Farben und Möwen am blauen Himmel lassen mich wissen, dass wir uns dem Bosporus nähern. Die Altstadtstraßen werden schmaler und der Busfahrer setzt uns tatsächlich direkt beim Wasser, genauer am historischen Bahnhof Marmaray Sirkeci İstasyonu ab, in den ganz offensichtlich schon eine ganze Weile kein Zug mehr eingefahren ist. Er sieht sehr schön aus, aber die Planer hatten offenbar nicht vor Augen gehabt, dass hier einmal 16 Millionen Menschen leben würden und daher ein Bahnhofsgebäude für den Bedarf von Zwickau hingestellt. Trotzdem nett, dass der Busfahrer uns hierherbringt, er hätte uns ja auch irgendwo am Stadtrand an einem Busbahnhof mit Autobahnanschluss rauswerfen können. Vielleicht eine Geste der Versöhnung für die Strapazen der Fahrt.

Es ist sieben Uhr und ein wunderschöner Morgen, ich sehe diese gewaltige Metropole vor mir und nehme Seeluft durch die Nase auf. Riesige Minaretttürme und Wolkenkratzer ragen aus einem Meer an Gebäuden hervor.

Ein Rundumblick voller Stadt, der lediglich von einem fetten Wasserstreifen durchkreuzt wird: dem Bosporus, der etwa ein Kilometer schmalen Meerenge zwischen Marmara- und Schwarzem Meer. Beschwingt überquere ich die noch recht leblose Galata-Brücke und lasse mich am Karaköy-Ufer nieder, wo ich einen frisch gebackenen Sesamring und einen Kaffee genieße. Ich spüre die Freiheit, die diese Riesenstadt ausstrahlt. Nicht weil Menschen hier sonderlich frei leben, sondern weil sie einfach so unglaublich groß ist und nach Tausenden Jahren Geschichte riecht.

Hier will ich Sarah treffen, meine gute Freundin aus Berlin. Sie wohnt hier seit einem Jahr zusammen mit ihrem Freund Nesimi und ich darf bei den beiden unterkommen. Vor einem Jahr ist Sarah nach Istanbul gezogen, nachdem sie bei einem großen Internet-Startup gearbeitet hat. Heute lehrt sie Deutsch. Nesimi, der aus dem Süden des Landes stammt, gibt Unterricht auf der Bağlama, einem türkischen Saiteninstrument. Sarah sagt, er spiele sie so schön, dass gestandene Männer in Cafés beginnen, zu weinen.

Tatsächlich ist er ein großartiger Mensch, genau wie Sarah auch. Deswegen bleibe ich hier wochenlang. Ein wenig vergesse ich darüber meinen ursprünglichen Plan, denn das Leben in Istanbul ist aufregend und Sarah wie Nesimi kennen die Stadt gut. Sie haben unglaublich viel Zeit sowie ein beneidenswertes Netzwerk an Freunden. Wir sitzen am Ufer, essen Nüsse, trinken Efes-Bier und ich lerne viele wunderbare Menschen kennen.

Mit großen Augen berichte ich Sarah von meiner Begegnung mit Anna. Wann sie denn wohl anrufen werde? Und ob? Oder soll ich? Ich habe Angst, dass es nur eine flüchtige Bekanntschaft bleibt. Sie schüttelt den Kopf. »Ruf sie an, du Idiot«, sagt sie und legt noch einen drauf:

»Wer wartet, verliert.«

Obwohl ich mich scheue, folge ich Sarahs Rat.

Einige Tage später mache ich mich auf den Weg zum Bahnhof Haydarpaşa, einem wunderschönen, wirklich riesigen Gebäude direkt am Wasser. Mit einer Fähre erreicht man es am schönsten, denn der Kapitän macht an guten Tagen noch einen dramatischen Schlenker kurz vor dem Gebäude. Vollkommen unnötig, aber doch notwendig, um seine ganze Pracht feiern zu können. Voller Vorfreude verlasse ich die Fähre und laufe auf das Gebäude zu. Vor den riesigen Toren liegt eine Katze, die sich auf der Treppe sonnt. Etwas komisch mutet es mir dann schon an, diese riesige Halle zu betreten: Hier ist kein Mensch. Ist heute Feiertag? Bahnfrei? Im Internet hatte ich mich informiert, noch in Deutschland: Von Istanbul gibt es einen Zug direkt nach Teheran.

Drei Tage soll er fahren und gerade einmal 45 Euro kosten. Das ist der Deal, für den ich hier bin und ich würde sogar das Dreifache für diese Fahrt zahlen. Ach, was sage ich: Das Zehnfache wäre angemessen!

Den Bahnhof betrete ich mit dem Willen, mir ein solches Ticket zu kaufen. Ein Gleis, das direkt in den Bosporus führt, und eine süße kleine Dampflok erinnern daran, dass dieser Bahnhof einmal im Betrieb war. Ich sehe mich um, laufe durch riesige Hallen. Da kommt mir jemand entgegen. Frage ihn, was hier los ist, aber wir verstehen uns nicht. Dann sehe ich, da hinten, da ist ein Fenster am Schalter nach oben geschoben. Ich meine sogar, ein kleines Licht brennen zu sehen in dem kleinen Büro dahinter.

Also trete ich näher. Nicht zu glauben, aber dieser riesige Bahnhof hat tatsächlich noch einen Mitarbeiter. Er ist ein ziemlich alter Mann, der hinter einem holzvertäfelten Schalter sitzt und sich meine Frage in aller Ruhe anhört. Daraufhin zieht er sein ganzes Gesicht nach oben, nur ganz leicht und lässt mich wissen, dass der Zug von hier nicht fährt. Ach was! »Und was nun?«, frage ich ihn. Er nimmt sich Zeit und starrt eine Ewigkeit wortlos auf seinen Bildschirm. Langsames Klicken, das man in der ganzen riesigen Halle hört. Ich werde nervös.

Auf einem Zettel beginnt er dann Notizen zu machen, es sind die Abfahrtszeiten. »16. Juni, 23. Juni«, und so weiter. Jede Woche fahre der ab, meint er, nur eben nicht hier. Aber Tickets kaufen könne ich auch bei ihm. »Es ist aber Mitte März«, sage ich. Tja, alles ausgebucht. Pech gehabt.

Meine ach-so-wunderbare Strategie der Planlosigkeit hat mich im Stich gelassen. Ich muss einsehen, dass ich nicht alles nach Gusto entscheiden kann. Kann ich natürlich, aber das heißt noch lange nicht, dass alles auf mich wartet. Enttäuscht gehe ich wieder in die Stadt und besuche ein Internetcafé.

Dort stehen Computer mit Internet. Kaffee gibt es nicht, aber dafür schwarzen Tee. Mit gesenktem Kopf und Tee mit ganz viel Zucker buche ich einen Flug in die südiranische Stadt Schiras und einen Rückflug von Teheran aus zurück nach Istanbul. Die Tickets kosten mich 300 Euro. Es ist die Strafe für meine naive Annahme, dass ich der einzige Mensch bin, der auf die Idee kommt, mit dem fucking Transasia Express nach Iran zu fahren.[9]

Wunderbare drei Tage im Zug, Hunderte Kilometer voller Berge und Täler, Seen und fremder Städte am Fenster mit wohlriechendem Essen in einem romantischen Bordrestaurant. Das alles bleibt ein Traum.

Zurück bei Nesimi und Sarah berichte ich von meinem enttäuschenden Erlebnis und gestehe, dass ich bereits nächste Woche weiterfliege. Wir feiern bis dahin so ziemlich jeden Tag Party, als wäre es mein Abschied für immer. Schon zwei Wochen später würde ich ja wieder zurück sein!

Anna sagt mir am Telefon, dass sie es geschafft hat, schon wieder Urlaub im Büro zu bekommen und gerade einen Flug gebucht hat. Sie wird drei Tage nach meiner Rückreise aus Teheran in Istanbul landen. Ich denke mir: Was mache ich bloß? Was will ich überhaupt in Iran? Was, wenn mir dort etwas passiert und ich dann mein Glück verpasse? Vor etwa fünf Wochen, als ich meinen Plan fasste, so weit zu reisen in ein so fernes und fremdes Land wie Iran, war auch ich ein Fliehender. Von meinem Job wollte ich weg, von zwei gebrochenen Herzen und einem mehr oder weniger ziellosen Leben in Berlin. Es ist ein Klischee, aber ich glaubte, dass ich irgendwo da draußen vielleicht zu mir selbst finden würde. Nun habe ich mich selbst zwar nicht gefunden, aber immerhin sie. Und das schon auf der Hinreise. Mir wird klar: Reisen haben niemals ein Ziel. Und »sich selbst zu finden« ist überhaupt eine bescheuerte Idee. Falls das irgendwem in irgendeiner Form gelingen sollte, was auch immer es bedeuten mag, dann bestimmt nicht, weil wir woanders sind als zu Hause. Wir spiegeln uns vielleicht ein wenig im Wasser des Bosporus, dem Mittelmeer oder dem Ganges.

Doch wenn wir meinen, uns selbst nicht zu erkennen, dann liegt das daran, dass wir unsere Zeit falsch nutzen. Wir tun die falschen Dinge, treffen die falschen Menschen, verschwenden unsere Zeit mit sinnentleerten Jobs. Wenn es doch so etwas gibt, wie sich selbst zu finden, dann können wir das auch bei uns zu Hause in der Badewanne.

Mit einem etwas mulmigen Gefühl besteige ich das Taxi zum Flughafen in Istanbul. »Iran?!«, sagt der Fahrer zu meiner Antwort auf seine Frage, wohin es gehen soll und schüttelt den Kopf. Es macht das alles nicht leichter. Am Flughafen überkommt mich die Angst, obwohl ich begeistert davon bin, in was für einem kulturellen Hotspot ich stehe. Männer in blütenweißen arabischen Dischdaschas, also traditionellen Gewändern, Europäer und Amerikaner auf Sandalen und Frauen in bunten Kleidern aus dem Afrika südlich der Sahara laufen hier umher, als würde die ganze Welt die Eröffnung einer internationalen Raumstation feiern.

Am Telefon spreche ich mit Sarah: »Jaja, es geht schon langsam wieder!« Ich mache Witze über einen dicken Mann, dessen Polohemd nicht ausreicht, um seinen Bauch zu bedecken, während er beim Warten eingeschlafen ist. Dann spricht mich eine junge Frau mit lockigem Haar an:

»Bist du Deutscher?« Als Alaleh stellt sie sich vor. Sie kommt wie ich aus Berlin und will nun ihre Familie in Schiras besuchen. Wie stehen die Chancen dafür? Im Gespräch mit ihr vergeht die Zeit im Flieger wirklich wie im Flug. Sie führt mich ein wenig in die Kultur ihres Geburtsortes ein. Alaleh sagt mir, dass sie begeistert sei von meinem Mut, allein in ein so fernes Land zu reisen. Ich nicke erstmal stolz und widerspreche dann doch:

»Du bist doch auch allein nach Deutschland gekommen!«

»Ja okay«, sagt sie, als wäre ihr das noch gar nicht aufgefallen. Auf dem Display über uns sehe ich den kleinen Punkt, der unseren Flieger kennzeichnet. Er bewegt sich beängstigend nahe dem Punkt, neben dem Bagdad steht. Plötzlich schüttelt das Flugzeug sich gewaltig. Meine schweißnassen Hände umklammern die Sitzlehne.

Alaleh lächelt. Als wir landen, beginnt sie, ihr Haar in ein Tuch zu wickeln. Es ist spätnachts und wir sehen nur den Halbmond am dunklen Himmel. Am Flughafen in Schiras, im Süden dieses riesigen Landes gibt es zwei Warteschlangen an der Passkontrolle. Für Iraner auf der linken Seite und für Besucher aus dem Ausland auf der rechten.

Wäre jetzt nicht nötig gewesen, die extra Schlange nur für mich. Ein Soldat sieht mich und reißt die Arme auf:

»Weeeelcoooome to Iran!«

Alaleh sage ich erst einmal Ciao. Sie will mich zu ihrer Familie einladen, dort könne ich doch gern bleiben. Zwar bin ich gerührt, aber annehmen möchte ich es nicht. Immerhin habe ich mir ein kleines Hotel gebucht. Ich hatte denen extra noch geschrieben, dass ich spät ankomme und deswegen ist nun jemand wegen mir wach geblieben. Ein Taxifahrer fährt mich mitten in der Nacht durch die leeren Straßen. Ich gebe ihm die Adresse des Hotels auf einem Zettel. Dann führt er mich durch dunkle Gassen zu einem Haus und klopft dort an einer uralten Holztür. Ein alter Mann öffnet und grüßt mich mit einfachen, englischen Worten. Leise sein müssen wir, sagt er müde. Wie in heißen Ländern üblich, hat das Haus im Inneren einen großen, zum Himmel offenen Hof mit einem Wasserbecken. Über eine kleine Treppe führt mich der Rezeptionist auf mein Zimmer. Todmüde falle ich um.

Sonnenstrahlen schaffen es am nächsten Morgen nur spärlich durch die Jalousien. Aber Worte. Ich kann nicht glauben, was ich da höre!

»Reichst du mir mal die Marmelade, Franzi?«

»Jaja, Micha. Jetzt warte doch mal!«

Wie weit, verdammt noch mal, muss man denn wegfahren? Im Hof ist es herrlich sonnig.

Der grummelige Herr, der mich gestern Nacht ins Haus ließ, serviert nun Frühstück. Fladenbrot, Oliven, Marmelade und Tee. Ich setze mich zu dem jungen Paar aus München an den kleinen, mit Rosen ummantelten Teich und wir kommen ins Gespräch. Die beiden erzählen mir, dass heute ein wichtiger Feiertag sei und alles geschlossen ist. Franzi deutet auf den frisch gemachten Schrein neben uns, der mit Blumen in unglaublich grellen Farbtönen dekoriert ist.

Ich frage, ob denn wenigstens die Banken geöffnet sind, denn ich müsse meine türkischen Lira noch tauschen. »Keine Ahnung«, sagt Franzi und fügt hinzu: »Aber wir können ja gemeinsam ins Stadtzentrum gehen und nachsehen.«

Die Straßen sind voller Frauen, komplett gehüllt in schwarze Gewänder. Grüne Banner mit persischen Schriftzeichen hängen an Gebäuden, gelegentlich schreit ein Muezzin etwas in sein Mikrofon, das über Lautsprecher ein ganzes Viertel erreicht.

Ein dickes Bündel Cash trage ich mit mir herum. Von den stolzen 800 Euro für zwei Wochen in diesem Land, die ich mir vor der Reise in Lira wechseln lassen habe, nehme ich erst einmal einen bescheidenen Anteil zum Test mit. Wegen der westlichen Sanktionen ist es im Iran nicht möglich, am Automaten einfach so Geld abzuheben, wenn man aus dem Ausland kommt. Im Stadtzentrum ist ein kleiner Markt aufgebaut. Händler schützen sich und ihre Waren durch dünne Zeltchen vor den unerbittlichen Sonnenstrahlen. Angeboten werden Hausschuhe, Staubsauger und Nüsse in auffallend grellen Farben. Ich beginne mich zu fragen, was da los ist.

Vermute geheime unterirdische Atomanlagen, die für die Färbungen verantwortlich sind.

Da man uns als Ausländer identifiziert hat, wird hier nicht weiter offen darüber geredet. Die Iraner halten gut zusammen. Franzi zeigt auf das Bankgebäude: »Geh da mal rein, wir warten hier.«

Es ist ein bisschen, als müsste ich Angst haben. Dabei ist die Bank vollkommen normal. Man nimmt meine Scheine an, rechnet vor. Die Kurse stehen in Digitalanzeigen an der Wand. Ich halte endlich meine ersten iranischen Rial-Geldscheine in der Hand und bin gespannt, wie diese pinken Nüsse wohl schmecken.

Tatsächlich gibt es heute nichts anderes zu tun in der Stadt. Alles bis auf sehr wenige Marktstände hat geschlossen. Die Menschen wirken etwas aufgebracht auf der Straße, während mittlerweile mobile Lautsprecherboxen auf Lastwagen durch die Straßen fahren, auf denen bärtige Männer in grüner Robe irgendetwas brüllen. Natürlich hätte ich mich vorbilden können.

Aber wer hätte schon ahnen können, dass ich ausgerechnet am ersten Tag des persischen Neujahrsfests ankommen würde? Nouruz, so der Name dieser Festtagsreihe, bedeutet so viel wie »Neuer Tag« und ist eine Art Frühlingsfest, das schon seit Jahrhunderten gefeiert wird. Auf den ersten Feiertag folgen zwei weitere Tage, an denen weder gearbeitet wird noch irgendwelche Geschäfte offen haben. Es ist eine Zeit für die Familie. Man zieht sich einfach zurück. Gelegentlich wird von der Bevölkerung auch wütender Protest laut, denn die autokratische Regierung versucht regelmäßig, die Feiertage islamisch umzudeuten. Dabei geht die Geschichte von Nouruz zurück bis ins erste Jahrhundert vor Christus, lange bevor Persien sieben Jahrhunderte später ein islamisches Land wurde, ab etwa 600 nach Christus nämlich.[10]

Ich selbst kann bei diesen Streitigkeiten wenig mitreden, und wären Franzi und Micha nicht gewesen, wäre ich wohl ziemlich ratlos geblieben. Die beiden sind nämlich im Vergleich zu mir nicht nur äußerst gut vorbereitet, sie sind auch ausgesprochen gute Menschen. Mit Anfang Zwanzig nach Iran zu reisen hatte für sie weder einen exotischen Entdeckermythos noch eine wie auch immer geartete politische Sichtweise zum Anlass. Sie sind einfach nur Entdecker. Offen für das Gespräch mit allen Menschen, die ihnen begegnen und süchtig danach, das ihnen bisher Fremde zu erkunden. Festhalten wollen sie es trotzdem und in Form von Bilddateien auf den Speicherkarten ihrer Kamera mit nach Hause nehmen. Aber warum auch nicht? Ein Land, das sonst fast niemand besucht und auf eine jahrtausendealte Kultur zurückblicken darf, das kann man schon einmal festhalten.

Am ersten Abend überkommen mich furchtbare Zustände. Der Rezeptionist bittet mich, in ein Zimmer im Erdgeschoss umzuziehen und in der Nacht setzt furchtbarer Regen ein.

Das Wasser läuft bis zu meinem Bett. Ich frage mich: Was zur Hölle will ich hier eigentlich?

Die ganze Nacht bin ich geistig wach. Und das Wasser kommt immer näher. Albträume vermischen sich mit der Realität. Diese pinken Nüsse: Wer weiß? Vielleicht hätte ich nicht so viele von ihnen essen sollen. Tags darauf nehmen wir drei gemeinsam ein Taxi, es fährt uns zu den uralten Überresten der Palaststadt Persepolis. Noch immer regnet es und trotzdem lassen große Familienverbände es sich nicht nehmen, Fotos von sich selbst vor den 2.500 Jahre alten Säulen zu machen. Immer wieder werden wir gefragt, ob wir die Portraits für sie aufnehmen würden. Einige erlauben sich sogar, einen von uns mit aufs Bild zu bitten. Auch die iranischen Leute wollen das festhalten, dort zu sein, auf den Spuren der Geschichte.

Ich stelle mir vor, wie ein iranischer Vater am Abend die Bilder seinem Bruder zeigt. »Guck mal: Europäer in Persepolis!« Es sind Menschen wie du und ich, nur besser gekleidet. Beinahe alle Männer tragen Sakko, die Frauen aufwendige Kleider mit seidenbestickten Tüchern um ihren Kopf. Nur die Frauen aus konservativen Familien bleiben immer bei schwarz und neigen zur Vollverschleierung, die aus liberaleren Familien dagegen leisten sich auffällige Farben und aufwendiges Make-up. Ihr Haar tragen sie immer ein Stückchen offener, als es eigentlich erlaubt ist. Das Erlebnis stimmt mich vertraut mit meiner Umgebung und den Menschen um mich herum.

In dieser Nacht tritt kein Regenwasser mehr in mein Schlafzimmer. Einen Tag später mache ich mich allein auf eine kleine Entdeckungsreise. Die baumgesäumten Alleen bieten noch immer den gleichen Eindruck. Mittlerweile bin ich das aber schon gewöhnt. Würde ich heute abreisen, wäre das wohl mein Eindruck vom Land: »Iran, da wo die Straßen tagtäglich voller Verschleierter sind und Bärtige von Lautsprecherwagen schreien.«

Ich besuche eine wunderschöne Moschee, ohne hineinzutreten. Schon äußerlich hat sie eine für mich überwältigende Anmut. Die Reliefs am Gebäude sehen aus wie in einer Tropfsteinhöhle, sie tragen Mosaikmuster, die so detailreich sind wie auf der Platine eines elektrischen Geräts. Was will uns diese Religion mit ihrer Architektur sagen? Dass alles bis aufs letzte Detail durchdacht ist? Oder vielleicht, dass es nur null oder eins gibt, wahr und unwahr? Nach meinem Moscheebesuch rufe ich Alaleh mithilfe meiner neuerworbenen iranischen SIM-Karte an.

»Hast du heute schon was vor?«

»Ja! Ich gehe mit Freunden in den Bagh-e Jahan Nama-Park. Fühl dich eingeladen! Wir warten um 14 Uhr am Parkeingang auf dich.«

Eilig laufe ich wieder nach Hause und frage den Rezeptionisten, ob er mir nicht ein Taxi in einer halben Stunde bestellen könne.

Ich krame meine Sonnenbrille raus, immerhin scheint die Sonne endlich wieder, will ja cool aussehen. Der Taxifahrer bringt mich schnurstracks zum Eingang des wunderschönen Parks am Rand der Stadt. Alaleh wartet schon, sie steht da mit ihren Freunden und stellt mir alle von ihnen vor. Wir spazieren durch den Park und trinken pinke Limo und sehr grüne Süßigkeiten. Ich mache mir Sorgen um meinen Schlaf.

Wir haben eine tolle Zeit, alle sind draußen, alle happy und ich lerne eine sehr harmonische Gruppe von Freunden kennen, die mir erzählen, was sie arbeiten und studieren. Als wäre es nichts anderes gewesen, würde ich mit fünf Menschen durch einen Park in Hannover laufen.

Nach unserem Parkspaziergang besuche ich allein das nahegelegene Grab des iranischen Dichters Hafez. Es ist ein wunderschöner Abend: Das warme Licht spiegelt sich in den Mosaiksteinen des opulenten Denkmals, das in Form eines kleinen Monopteros, einem runden Minitempel mit tragenden Säulen herum, angelegt wurde. Ich spüre die Begeisterung der Menschen für diesen Dichter, auch wenn ich keines seiner Werke verstehe, die hier in einer erfrischend beruhigenden Tonlage über Lautsprecher durchgegeben werden. Jetzt weiß ich, dass es in diesem Land auch eine andere Form der Massenkommunikation gibt: Gedichte! Kurze Verse und längere Prosa schrieb Hafez, der eigentlich Mohammed Schemseddin hieß und im 14. Jahrhundert in Schiras lebte. Einen Hafez-Vers hat der österreichische Orientalist Vinzenz Rosenzweig von Schwannau 1864 so übersetzt:

»Wenn einst mein wundes Herz erreicht, wonach es strebet,

Und in des Körpers Reich kein König „Geist" mehr lebet,

Will ich mit Zuversicht an Gottes Throne hoffen,

Es stehe jedes Tor der Seligkeit mir offen.«

Hafez, iranischer Dichter (1315–1390)

Ich beschließe, den Nachhauseweg zu Fuß anzutreten. Also laufe ich entlang endloser Straßenzüge voller riesiger Industrieanlagen, Büros und Moscheen, überquere den Khoshk-Fluss, immer weiter gerade aus. Die Straßen füllen sich immer mehr mit Leben. Genau wie ich haben die Leute wieder Bock darauf, ins echte Leben einzutauchen. Der dreitägige Sonntag nähert sich seinem Höhepunkt. Es ist bereits dunkel, an einem Bistro genehmige ich mir ein herrliches Falafel-Sandwich, das aus einem amerikanischen Hotdog-Weißbrot und frisch frittierten Bällchen aus Kichererbsen und scharfen Gewürzen besteht. Dazu trinke ich eine Cola und entdecke Marktstände mit Musik, Nüssen, Gewürzen und langen Kleidern, die durch am Hals an die Ladenwand gekettete Modepuppen vorgeführt werden.

Die Moscheetürme sind grün angeleuchtet, im Dunkeln sehen sie dadurch aus wie Laserinstallationen auf einem Rave. Ohne auf die Karte gesehen zu haben, als hätte ich eine dabei, erreiche ich mein Hotel. Es fühlt sich an, wie eine Party etwas zu früh verlassen zu haben, als ich mich für den Abend auf mein Bett lege. Meine Gedanken sind bei Anna. In den nächsten beiden Tagen erkunde ich Schiras noch etwas mehr.

Ich treffe mich noch einmal auf einen Kaffee mit Alaleh und ihren Freunden, um mich zu verabschieden und mich für ihre enorme Gastfreundschaft und die vielen Erklärungen über die Geschichte dieser Stadt zu bedanken. Ebenso verabschiede ich mich ein wenig später am Tag von Micha und Franzi, wünsche ihnen eine gute Reise.

Kurz vor der Busstation baut sich mir ein scheinbar unüberwindliches Hindernis auf: eine fünfspurige Straße ohne Ampelübergang. Davon habe ich vorab gelesen:

Man soll sich einfach eine Person suchen, die sich voller Selbstbewusstsein und Todesverachtung in den Verkehr wirft und dieser dann hinterherlaufen. Es würde dann alles gutgehen, denn die Autos bremsen ab. Inschallah sagt man hier in kritischen Situationen, »so Gott will«, um eine Art Sofortsegen abzurufen. Für mich ist die Situation kritisch genug.

Eine Oma ist unfreiwillige Übergangshilfe für mich. Tatsächlich reduzieren die Autos ihre Geschwindigkeit, nur gleichmäßig laufen muss man. Und auf keinen, auf gar keinen Fall stehen bleiben oder plötzlich langsamer werden, schneller schon gar nicht. Einfach laufen und an Gott denken. Als Atheist folge ich der Frau.

Schließlich darf ich die Busstation betreten und kaufe mir ein Ticket nach Yazd, eine der ältesten Städte des Landes. Warten muss ich nur kurz, bis zur Fahrt aufgerufen wird. Ohne etwas Vertrauen geht auch das nicht, denn verstehen kann ich den Aufruf nicht und gebrüllt wird hier viel. Die Schilder kann ich alle nicht lesen. Glücklicherweise ist jeder unglaublich hilfsbereit. Von allen Seiten kommen sie zu mir und schauen mit mir auf mein Ticket. »Yes, yes, this right bus, sir!« Immer noch sehe ich unsicher aus, ein Mann von der anderen Straßenseite erahnt über eine Distanz von 25 Metern den Blick, rennt rüber, auf mich zu, schaut auf meinen kleinen Fahrschein, blickt auf das Schild vor dem Bus.

»Yes, yes!«

»Merci.«

Als ich bei meinen spärlichen Vorbereitungen auf diese Reise Bilder dieser Stadt sah, war ich begeistert. Yazd: Eine ganze Stadt, umhüllt von Sand, gebacken in Lehm. Niemand weiß genau, wann dieser Ort gegründet wurde.

Riesige Windtürme, Bagdire genannt, prägen das Stadtbild bereits von der Ferne, als ich noch ungläubig aus meinem Busfenster blicke. Für Hochhaustürme halten könnte man sie. Als seien sie aus Sand, ragen sie aus einer farblichen Übereinkunft mit dem Boden heraus in den meerblauen Himmel. Vertikale Schlitze, lamellenähnlich, ziehen sich durch ihre Fassaden. Dahinter sind aber keine Fenster, niemand wohnt in ihnen. Einmal soll es hier eine Oase gegeben haben und offenbar war der Ort zwischen den beiden Wüsten Dascht-e Kawir und Dascht-e Lut ein strategisch wichtiger Punkt für den Handel. Die Bagdire sind eine Erfindung der Perser, die damals schon vor der Herausforderung standen, das Wachstum der Stadt mit dem Mangel an Wasser in der Wüste in Einklang zu bringen.

Die Schlitze nehmen den Wind auf, der über die Wüste fegt, und der kühlt wiederum Wasser, das tief unter der Erde in Zisternen, also Wasserspeichern, steht.

Diese werden von Karizen, unterirdischen Stollensystemen, mit Frischwasser versorgt, das sie in höhergelegenen Regionen geduldig einsammeln. Klingt kompliziert, ist aber eigentlich simpel. Als ich durch die Lehmgassen der Stadt laufe, bin ich vollends verzaubert. Direkt neben meinem Hotel zeichnet sich ein solcher Wasserspeicher ab, ein Ab Anbar. In seinem Schatten stehen ein kleines Kind und eine Katze, die riesige Zisterne hinter ihnen sieht aus wie ein riesiges, aufgeblähtes Ballonbrot aus Lehm. Sie sind die einzigen lebendigen Wesen, die überhaupt zu sehen sind. Es ist so heiß, dass tagsüber niemand unterwegs ist. Ein Stückchen laufe ich noch, dann wieder Unglauben: zwei bekannte Menschen. Es sind Micha und Franzi.

Die beiden hatten mir schon erzählt, dass sie auch nach Yazd kommen werden. Dass ich sie aber schon wieder spontan auf der Straße treffe, nur eine gute Stunde, nachdem ich hier ankomme, das habe ich nicht erwartet. Sie suchen ihr Hotel, später ziehen wir noch ein wenig durch die leeren Straßen, die sich am Abend langsam mit Menschen füllen. Marktstände am Straßenrand klappen bei Sonnenuntergang die Gitter hoch und bauen ihre Auslagen auf. Überdachte, tunnelartige Gebäudekomplexe öffnen sich und werden zu Markthallen. Wir essen Fisch mit Reis und trinken Tee in einem Restaurant, das seine Räumlichkeiten in einem kühlen Keller verbirgt. Wir sind die einzigen Gäste, daher machen wir es uns schamlos bequem auf dem Perserteppich und den zahllosen Kissen, die um unseren Tisch verteilt liegen.

Einen Tag später besuchen wir eine Burg und eine uralte Lehmsiedlung in der Nähe. Ein Touristenführer dirigiert uns durch die imposanten, aber leblosen Burgen und verlassenen Siedlungen, die schon seit Ewigkeiten niemand mehr nutzt.

Die Menschen, die heute in Yazd leben, hoffen wohl auf Tourismus und sind froh über uns drei. Wir fühlen uns wichtig als die drei scheinbar einzigen Touristen in einer Stadt mit 530.000 Einwohnern, lassen uns das aber nicht zu Kopf steigen. In jedem anderen Land würden Busse hier stehen, Eis verkauft und Dutzende Fotoapparate klackern statt nur dem einen von Micha. Ich langweile mich und schaue mit einem Auge wieder sehnsüchtig in die Stadt, dahin, wo es Leben gibt. Die nächsten Tage verbringe ich wieder allein. Bis in den Mittag hinein schlafe ich, sodass die Frauen von der Rezeption meines Hotels irgendwann an meiner Tür klopfen.

»Everything okay with you?«

»Yeah yeah yeah.« Ich will schlafen, so wie es hier offenbar alle tun! Erst am späten Nachmittag wage ich mich wieder raus und schlage die Zeit tot. Setze mich auf Dächer, an Straßenränder und Parkflächen, beobachte die träge Szenerie, die sich nur dem aufmerksamen Auge durch zaghafte Mikrobewegungen erschließt. Eine Katze schleckt sich die Pfote. Eine Person, die ebenfalls geduldig sitzt und beobachtet, wie die grelle Sonne über den wolkenverachtenden Himmel schleicht. Es ist ein wunderbares Zeitgefühl, das ich an diesem magischen Ort bekomme. Meine Gedanken finden hier super viel Zeit, sich langsam auszubreiten. Die Zweimillionenstadt Isfahan liegt etwas weiter nördlich und ist drei Stunden entfernt. Auf der Busfahrt werden Süßigkeiten gereicht, als wären wir auf einem Kindergeburtstag.

Unglaublich modern ist das Teil, mit verstellbaren Sitzen, genug Platz für Elefantenfüße und bester Klimatisierung. Viele junge Typen im Bus tragen Uniform, sie müssen nach den Feiertagen sicherlich zurück in die Kaserne. So richtig nach Feiern ist allerdings niemandem zumute. Nur ich bin glücklich, wieder unterwegs zu sein und blicke aus dem Fenster, als würde ich die Welt zum ersten Mal sehen. Obwohl es eigentlich nichts zu sehen gibt. In einer Nachricht an Anna schreibe ich: »Sieht aus wie auf dem Mond hier. Du verpasst nichts! Haha.«

In Isfahan wird es gerade Abend, als wir ankommen. Die Straßen sind voller Menschen, in meinem Hotel hält mich nichts. Ich laufe eine große Straße entlang und folge den anderen, die wie ich draußen sein wollen. Paare, Gruppen von Freunden, überall junge Menschen. Über die Hälfte der Iraner sind unter 30 Jahre alt, dazu ist Isfahan eine große Universitätsstadt. Die Si-o-se Pol-Brücke besteht aus den namensgebenden 33 Bögen und überspannt das Flussbett des Zayandeh, der komplett ausgetrocknet ist. Das ohnehin trockene Land leidet unter einer enormen Dürre, was die ohnehin schon schwierige wirtschaftliche und politische Lage nur noch weiter anheizt. Als ich im Jahr 2014 aber durch die Straßen Isfahans wandere und meine Nüsse knabbere, ist die Stimmung gut. Alle lächeln mir zu. Am nächsten Tag sitze ich im Park unweit des Imamplatzes und entspanne mich ein wenig. Da läuft Micha auf mich zu.

»Was machst du denn hier?«

»Wir haben offenbar immer noch die gleiche Route«, lacht er und wir gehen ein Stück gemeinsam. Zwei Tage vorher haben die beiden Kebab in Yazd gegessen, weswegen Franzi nun besser im Hotel bleibt. Ich zeige ihm den ausladenden

Imamplatz, wo Pferdekutschen junge Paare umherfahren und Händler Schmuck unter den Bögen des platzumspannenden Gebäudekomplexes aus Moscheen und überdachtem Markt anbieten. Schwarz umhüllte, junge Frauen machen Fotos von uns und laufen dann kichernd davon. Micha kehrt wieder in sein Hotel zurück und ich flaniere weiter.

Auf der Straße grüßt mich ein älterer Mann, der gerade einen Spaziergang mit seinem 18-jährigen Sohn macht. Auch wir laufen ein Stück gemeinsam. Er fragt mich, woher ich komme und wohin ich gehe. Dann bin ich dran. Warum denn alle Menschen im Iran so freundlich seien, frage ich ihn. »Weil wir stolz sind auf unser wunderschönes Land und froh, dass uns Menschen aus anderen Ländern besuchen«, erklärt er mir die große Gastfreundschaft. Also gehen wir gemeinsam essen in dem, wie er sagt, besten Restaurant der Stadt. Am Eingang des mit Goldelementen verzierten und voller edler Tücher behangenen Innenraums steht ein Kellner mit tadelloser Kleidung und emotionslosem Blick. Er begrüßt uns mit einem professionellen Nicken und weist uns zum Tisch. Für mich gibt es Safranreis und gegrilltes Gemüse mit paniertem Fisch. Reza und sein Sohn haben ebenfalls Reis und Gemüse, nur mit einer ausladenden Platte voller gegrilltem Fleisch. Wir diskutieren über Politik, ich frage Reza nach dem Verhältnis seiner Regierung zu Israel. »Unproblematisch«, findet er das und genauso sei es bei den USA, wo er kurz innehält und dann doch noch hinzufügt, »Sie sollen uns in Frieden lassen!« Reza will seinem Sohn Englisch beibringen, erklärt er, »Dann stehen ihm mehr Möglichkeiten offen.« Ob das auch in den USA ginge, will ich nicht fragen. Ich kann mir aber denken, dass es dann auch »kein Problem« wäre. Wir zahlen unser Essen getrennt und gehen noch ein bisschen weiter in ein Café um die Ecke, als die Sonne bereits untergegangen ist. Rezas Sohn verabschiedet sich, ohnehin hat er nicht bedeutend an der Konversation teilgenommen. Sein Vater stellt mich seinen Freunden vor und wir verbringen den Abend bei Tee und weiteren politischen Diskussionen. Obwohl wir auch an wunde Punkte kommen, auch mal Emotionen im Spiel sind, bleiben alle immer sachlich. Es passiert nicht oft, dass man jemandem völlig unbekannten auf der Straße begegnet, mit dem man stundenlang politische und philosophische Gespräche führen kann.

Seien wir ehrlich: Es passiert eigentlich nie. Auf Reisen, da kommt es aber schon einmal vor. Sicherlich muss man dafür nicht unglaublich weit reisen, es reicht, sich selbst zu öffnen. Aber schaden, an einen Ort voller kultivierter Menschen zu gelangen, die den Streit beherrschen wie das Spiel einer Geige, kann es definitiv nicht.

Mit dem Bus erreiche ich einen Tag später die Kleinstadt Kaschan. Äußerlich gleicht sie Yazd, wo ich nur wenige Tage zuvor war, nur ist sie deutlich kleiner und noch menschenleerer.

Auch sie besteht aus Gebäuden in Lehmoptik, deren Leblosigkeit direkt übergeht in die Wüste. Eine riesige Markthalle mit imposanten Verzierungen deutet darauf hin, wie bedeutsam die Stadt womöglich einmal war. Heute herrscht hier die pure Langeweile. Ich bin froh, dass ich einen weiteren kultivierten Iraner im Hotel treffe, mit dem ich ein Restaurant besuche und dort Brot mit Auberginendip, Berberitzen-Reis und Joghurt esse.

Amir spricht akzentfreies Englisch, er arbeitet für ein Tourismusunternehmen und untersucht gerade Hotels und Locations. Ein traumhafter Beruf, wie ich finde. Auch er wird nicht müde, mir viele Details über diesen Ort zu verraten. Im Mittelalter war Kaschan einer der wichtigsten Orte weltweit für die Keramikproduktion, erfahre ich von ihm. Das ging so weit, dass sich das persische Wort für »Fliese«, kāšī, vom Namen der Stadt ableitet. Heute werden hier vor allem Perserteppiche hergestellt. Außerdem ist das Kaschan heutiger Tage ein Hotspot für die Produktion von Rosenwasser, das in der iranischen Küche einen festen Platz hat. Aus dem süßen Tropfen wird auch Champagner-Ersatz hergestellt.

Offenbar findet das alles aber im Geheimen, möglicherweise in unterirdischen Anlagen statt. Sehen kann ich jedenfalls weit und breit immer noch niemanden. Im Hotel sitzen wir noch lange auf dem Dach und unterhalten uns, während sich andere Hotelgäste zu uns gesellen. Ein Typ meint, er sei aus Teheran gerade hierhergezogen. »Endlich raus aus dieser Stadt«, wollte er. »Einsam macht dich das, dieses anonyme Leben«, fügt er hinzu. Nun suche er hier nach Ruhe. Natürlich verstehe ich, was er meint. Ein anonymes Leben, das kenne ich ja aus Berlin. Jetzt aber, wo ich hier bin, vermisse ich es schon nach kurzer Zeit wieder.

Den nächsten Tag verbringe ich zum großen Teil damit, auf den Bus zum Highlight meiner Reise zu warten, nach Teheran. Die Zeit vertrödele ich mit Wasserpfeifen. Rosenwassergeschmack, Minze, Apfel. So ganz genau weiß ich das natürlich alles nicht: Lesen kann ich hier nichts und bin daher auf den guten Willen von Café-Betreibern angewiesen. Sie sitzen bei der sengenden Hitze im Schatten und schauen müde wie ein Kater, als ich durch die Straßen laufe und vor ihnen Halt mache. Ungläubig, dass ich mich tatsächlich tagsüber durch die Straßen wage, diese menschenleeren Gänge, gießen sie mir Tee auf und reichen mir eine Pfeife.

Der Bus nach Teheran fährt pünktlich und ist voller Menschen, denn wie überall in der Welt ist eine Stadt wie Teheran, die Hauptstadt, ein regelrechter Magnet. Alle wollen dahin. Ich freue mich bereits darauf, wieder in einer lebendigen Stadt zu sein und sitze ungeduldig im Bus. Schon eine Stunde, bevor der Bus zum Halten kommt, zeichnet sich dieser Moloch von neun Millionen Einwohnern ab. Eine riesige Busstation erwartet uns, in der offenbar das ganze Land mit seinen 82 Millionen Bewohnern seinen zentralen Knotenpunkt gefunden hat. Vorbei an zwanzigköpfigen Familienbanden mit ihren abgeklebten Habseligkeiten kämpfe ich mich durch das Chaos, das niemals bedrohlich wirkt. Erbeute mir ein Taxi, dass mich zu meinem Hotel unweit der britischen Botschaft chauffiert. Meine heutige Herberge soll einmal einer der beliebtesten Clubs der Stadt gewesen sein, bevor die geistliche Führung des Landes beschlossen hat, dass man, wenn es denn unbedingt nötig ist, fortan doch bitte zu Hause feiern soll. Am besten aber gar nicht, und schon gar nicht außerhalb der religiösen Anlässe.

Von meinem Zimmer aus kann ich in den Innenhof sehen und erblicke dort tatsächlich eine Art Bühne, die bereits etwas überwuchert ist wie auf den Bildern aus Tschernobyl, wo die Natur sich wieder breitgemacht hat. Erhalten von diesem Club hat sich ein Café im Erdgeschoss, in das ich mich direkt begebe und meine Ankunft mit einem vernünftigen Kaffee feiere. Das Café ist voller junger Menschen, die äußerlich sehr anders aussehen als an den Orten zuvor. Am ehesten gab es das noch in Isfahan: Studenten in westlichem Stil, individuell gekleidet. Frauen mit stylischen Kopftüchern, die sich mit viel Mühe auf der letzten Erhebung ihres Hinterkopfes halten. Begeistert mache ich mir Notizen in mein Tagebuch und plane bereits meinen ersten Besuch in einem veganen Bistro, als eine attraktive junge Frau an mich herantritt und höflich fragt, ob ich hier alleine sitzen bleiben möchte. Bevor ich etwas sagen kann, fügt sie hinzu, dass sie und ihre Freundin mich gern zu sich an den Tisch einladen würden.

Ich bin entzückt von einer so höflichen Anfrage und sage Keyla, wie sie sich auch gleich vorstellt, dass ich die Einladung sehr gerne annehme. Die beiden erzählen mir davon, dass sie Business auf Englisch studieren, um dann nach Kanada auswandern zu können. Das ist hier offenbar kein allzu großes Problem. Die Regierung lässt Ausreisewillige wohl lieber aus dem Land, als dass sie hier Stress machen. Es gibt ja genug Nachwuchs und Hochschulabschlüsse haben hier sehr viele der jungen Leute in der Tasche. Also kann man es sich ja leisten, denkt die Regierung offenbar. Arisa, Keyla und ich verstehen uns gut, also verabreden wir uns gleich für den folgenden Tag zum Essen.

Am nächsten Morgen erkunde ich die Stadt ein wenig zu Fuß. Als erstes laufe ich zum großen Basar, der wunderbar vollgestopft ist mit Menschen, und das schon am Vormittag! Der Basar ist eine Art lebendiges Museum, das kunstvoll und spielerisch zugleich uralte Bauweisen aus Holz, Lehm und Ziegelsteinen mit Stahlfassaden, Glas und sogar Rolltreppen einer modernen Mall miteinander verschmelzen lässt. Große Lust, mich anschließend auf einem Motorradtaxi in den drohenden Verkehrstod fahren zu lassen, verspüre ich unterdessen nicht. Die Stadt wirkt auf mich chaotisch, und das ist noch eine Untertreibung, weil sie mir so sympathisch ist.

Ganz ehrlich: Natürlich sieht für mich alles anarchisch aus, das nicht meinen spießigen, zentraleuropäischen Vorstellungen von Ordnung entspricht. Nur ist das hier ein anderes Level. Iran führt heute weltweit einen traurigen ersten Platz bei Zählungen von Verkehrstoten.[11] Die Regierung versucht ihr Bestes, die Menschen mit bittenden Werbetafeln zur Besserung zu bewegen. Die riesigen Schilder illustrieren eine fünfspurige Straße, mit Autos quer verteilt über alle Fahrbahnen, quetschend und hupend, wie ein Ameisenhaufen. Das ist durchgestrichen. Daneben das Bild einer Straße, auf der die Autos hintereinandergereiht, den Spurenmarkierungen folgend, auf das Zeichen einer Ampel warten. Dafür gibt es ein grünes Häkchen. Zu nutzen scheint es bisher wenig. Auf meinen Busfahrten zuvor konnte ich zahllose Crashs beobachten. Autos im Graben, herausgefallener Kram überall verteilt auf der Straße. Auf den Landstraßen verlief das noch glimpflich, hier dagegen setzen Autofahrer und Mopeds auf eine Mischung aus Urvertrauen und Durchsetzungskraft. Fußgänger blicken in den Himmel, bevor sie sich durch diesen Wahnsinn schutzlos hindurchbewegen.

Um die Zahlen der Verkehrstoten geringer zu halten als die Zahl der Opfer des Krieges gegen Saddam Hussein, deren Gesichter nicht wenige Straßen im Land auf riesigen Postern zieren, hat man in Teheran begonnen, Brücken über die Straßen zu bauen und Tunnel darunter hindurch. Ich laufe vorbei an der britischen Botschaft, die zu diesem Zeitpunkt seit zweieinhalb Jahren geschlossen ist. Die Briten sind hier unerwünscht, da sie die Sanktionen der USA unterstützen, die dem Land den Handel erschweren. Reich an Öl ist Iran und nun kann es den Treibstoff noch nicht einmal verkaufen. Lediglich einige Staaten wie China und Indien trotzen dem Verbot.[12] Die einstige Botschaft der USA ist noch deutlicher erkennbar und bereits weltweit berühmt für ihre Verzierungen mit politischer Propaganda: Die iranische Version der US-amerikanischen Flagge zeigt die Freiheitsstatue mit Totenkopf auf roten Streifen.

Arisa und Keyla, mit denen ich später am Tag essen gehe, erzählen mir von einer Regierung, die das private Leben der Bürger überreglementiert. Von der Sittenpolizei bekomme ich sogar sofort etwas mit, als wir durch einen Park laufen, in dem gerade ein Pärchen abgeführt wird. Arisa erklärt mir, dass die beiden sich wohl zu nahe gekommen sind. Mir wird klar, dass das alles hier kein Spaß ist. Meine beiden Freunde kommen aus den wohlhabenden Vierteln im Norden der Stadt, die ein wenig über dem Rest der Stadt thronen. Dort besuchen wir den Mellat-Park, was so viel heißt wie Volksgarten. Vor uns türmt sich der schneebedeckte Totschāl-Berg auf. Wenn wir uns umdrehen, sehen wir ein endloses Meer aus Stadtlichtern zu unseren Füßen.

Ein paar Freunde stoßen dazu und gemeinsam bewundern wir den Blick in der Nacht, während noch einmal der Gesang des Muezzins aus den Lautsprechern eines riesigen Sendemasts vor uns ertönt. Ich bin sehr dankbar dafür, dass sie mir eine Tour durch ihr Leben hier gegeben haben und wünsche den beiden viel Glück mit ihren Plänen. Am nächsten Tag werde ich von Teheran aus wieder nach Istanbul fliegen.

Ich verlasse das Land mit etwas Ungeduld, schließlich warten meine Freunde Nesimi und Sarah in Istanbul auf mich. Und nicht zuletzt fiebere ich dem Tag entgegen, an dem Anna mich in Istanbul besuchen wird, nur ein paar Tage nach meiner Rückkehr aus dem Iran. Als ich kurz nach Mittag die Wohnung meiner Freunde in Istanbul erreiche und Nesimi dort antreffe, feiern wir meine Rückkehr mit Nüssen und Efes-Bier. Sarah erzählt uns am nächsten Morgen, dass sie uns bereits am frühen Abend seligschlafend auf der Couch auffand.

In den nächsten Tagen bereite ich Annas Ankunft vor: Ich buche uns ein schönes Zimmer mit Blick auf den Bosporus und male mir schon aus, wie das ganze maximal romantisch ablaufen könnte. Die Tage bis zu ihrer Ankunft vergehen langsam. Und als sie dann endlich da ist, vergeht die Zeit wieder viel zu schnell. Wir besuchen die schönsten Restaurants, die wir auf ausgiebigen Spaziergängen und wunderschönen Fährenfahrten in andere Stadtviertel entdecken.

Eines dieser Schiffchen bringt uns schließlich auf die Prinzeninsel Büyükada vor der Stadt, die mit ihren Holzvillen so wunderbar kitschig ist, dass hier Paare zum Heiraten hinreisen. Diejenigen, die das Liebesleben auf dieser Insel dann aber dominieren, sind kleine Kätzchen, die wie Tauben am Straßenrand stehen und uns in der Nacht mit ihren glühenden Augen anstarren. An einem Abend sitzen wir auf einem Steg und schauen über das Marmarameer auf

Istanbul, das nicht weit vor uns liegt. Ein paar Meter weiter sitzt ein junger Typ, der sich in sicherer Entfernung von uns mit seinem Rucksack voller Bier und Kippen platziert hat. Einmal kommt er zu uns rüber und bittet um ein Feuerzeug. Wir laden ihn kurzerhand dazu ein, sich zu uns zu gesellen.

Gefühlt ein Dutzend Mal fragt er, ob es denn wirklich okay sei und setzt sich, nachdem wir ihm versichern, dass es wirklich okay ist, dann endlich hin. Er berichtet uns von einer zerbrochenen Beziehung, seinem infolgedessen gebrochenen Herzen. Geflüchtet ist er aus der 16-Millionenstadt dann hierher zu seiner Familie. Dass er Glück habe, auf dieser wunderschönen Insel das Haus seiner Familie zu haben, sei ihm durchaus bewusst, meint er. Doch sein Gefühl für Dramatik wiegt schwerer: Die vielen Paare hier, ohje, sie machen es nicht leicht für ihn.

Wir helfen ihm mit seinem Bier und seinen Zigaretten, retten also ein Stück seiner Gesundheit, wenn das Herz schon so leiden muss. Dabei kennen wir das doch selbst: Wem die Liebe, die einen einmal so erhellt hat, plötzlich fehlt, der sieht nur noch dunkel. Bis auf den Mond, der gerade einen wackeligen Streifen im Meer hinterlässt. Der scheint ja nicht selbst, sondern reflektiert bloß das Licht der Sonne. Wenn die Liebe einmal weg ist, fühlen wir sie trotzdem noch lang.

Mustafa lädt uns am nächsten Tag ein, gemeinsam mit seinem Bruder eine kleine Rundfahrt mit dem Boot zu machen und wir versprechen ihm dafür, ausreichend Proviant mitzubringen. Mindestens so viel jedenfalls, dass wir die Einbußen seiner nächtlichen Trennungsschmerzbiere wieder wettmachen können. Der nächste Tag ist wie jeder dieser Tage: paradiesisch.

Mit dem Boot fahren wir ein wenig um die Insel, deren Küste abseits der Besiedlungen voller prächtiger Bäume steht und uns ein seltenes Bild üppiger, grüner Natur bietet. Fische wuseln unter uns gut sichtbar im fast kristallklaren Wasser. Mustafa will uns kaum noch gehen lassen. Schweren Herzens reißen wir uns von ihm los, verbringen inklusive eines schlechten Gewissens noch etwas Zeit damit, uns in die Augen zu gucken. Es stimmt. Diese Insel ist perfekt für Verliebte, während Alleinstehenden hier leider, und da hat Mustafa recht, nichts bleibt als das Ertränken im Bier.

Die restlichen Tage von Annas Woche in Istanbul verbringen wir mit Nesimi und Sarah. Wir besuchen Museen und Clubs, grillen auf dem Dach. Wieder muss ich mich verabschieden. Diesmal verspreche ich, dass ich es sein werde, der den nächsten Besuch übernimmt. Dieser Moment markiert einen Punkt in meiner dreimonatigen Reise, an dem ich zurückkreise, obwohl ich zunächst noch bleibe, wo ich bin.

Während Anna Urlaub nehmen muss von ihrer Arbeit, den zweiten in so kurzer Zeit, sitze ich fest in meiner Reisewelt. Also beginne ich damit, meine Rückreise zu planen. Auf der geht aber erst einmal Einiges schief. Einen gebuchten Bus nach Skopje in Mazedonien verpasse ich, weil ich mich in den Bussen und U-Bahnen Istanbuls verliere. In einer Clubnacht verfalle ich um ein Haar dem flüchtigen Blick einer Istanbulerin. Ich kann nicht mehr reisen, sondern muss mich losreißen. Also verabschiede ich mich von Sarah und Nesimi. Wochenlang haben sie mich ertragen und ich konnte bei ihnen unterschlüpfen, ohne dass sie jemals etwas Kritisches gesagt hätten. So richtig zusammengewachsen sind wir schon. Wie Mustafa auf der Insel wollen sie mich gar nicht mehr gehen lassen. Dabei will ich doch nur noch zu ihr.

Ohne auch nur ein Ticket gebucht zu haben, laufe ich schließlich fest entschlossen mit einem riesigen Rucksack auf dem Rücken zu diesem Bahnhof los, von dem aus Reisebusse nach Osteuropa abfahren. Es fühlt sich nicht richtig an, aber trotzdem kaufe ich mir ein Ticket zurück nach Sofia.

Die Rückreise genauso zu gestalten wie die Hinfahrt, das ist schmerzhaft, finde ich. Denn es ist ja nichts Neues mehr, sondern ich gehe buchstäblich rückwärts. In Sofia besuche ich das Hostel, in dessen Küche ich Anna das erste Mal sah. Es ist ausgebucht.

Über einer Bar beziehe ich ein dreckiges Zimmer und verlasse das Haus gar nicht mehr bis zum nächsten Morgen. Schleppe mich deprimiert wieder zum sowjetischen Bahnhof und reise weiter zurück, Richtung Belgrad. Eine andere Route mit dem Zug gibt es ebenso wenig wie eine schnellere.

In Belgrad treffe ich auf eine Gruppe deutscher Studententypen, die durch ihr prolliges Auftreten auffallen. Schon um sieben Uhr morgens stellen wir uns im Morgengrauen ein serbisches Bier ein. Benebelt sein will ich, diese Reise zurück am besten nicht mehr mitbekommen. Dann reiße ich mich am Riemen. Einen kleinen Ausweg gibt es doch.

Statt direkt zurück über Wien reise ich über die kroatische Hauptstadt Zagreb und miete mich dort allen Ernstes in ein Party-Hostel ein. Was für ein Wahnsinn mich dazu getrieben hat, weiß ich bis heute nicht. Mich erwartet eine Kaserne voller achtzehnjähriger Österreicher, die schon nachmittags grölend durch die Räume marschieren. Das Hostel verfügt über eine eigene Bar und ich denke mir, was soll's?

Also gebe ich dem kompletten Laden einen aus und komme dabei mit einem fünfzigjährigen Briten ins Gespräch, der mir voller Stolz seinen Lebenstrick erzählt: Ohne Job leben und trotzdem reisen.

Sofort hat er meine ungeteilte Aufmerksamkeit. Zu Hause in Großbritannien sei er ein ganz, ganz Schlimmer, meint er mit einem schiefen Grinsen. Immer wieder lacht er sich eine gutmütige Frau an, bis sie ihn bei sich einziehen lässt. Dann beginnt er dort, Weed anzubauen. Wenn das erntereif ist, verkauft er das ganze Zeug, packt seine sieben Sachen, verlässt seine Freundin und sein Land gleich dazu. Er findet sich wieder dort, wo er sein will: unterwegs, auf Reisen. Als er mir nach drei Tagen Party in Zagreb anerkennend steckt, ich sei aus seiner Sicht ein »Partymonster«, überkommt mich ein bisschen Grusel.

Will ich das alles hier noch? Die Antwort lautet: nein.

Auf die weitere Fahrt nach Ljubljana laden sich Ian, der Brite, und Navid, ein iranischer Maschinenbau-Student, der gerade möglicherweise die »Zeit seines Lebens« verbringt, trotzdem selbst ein und ich lasse es achselzuckend zu.

Die Zugstrecke dorthin soll eine der schönsten der Welt sein. Sie zieht sich durch Täler mit malerischen Flüssen und Bergpanoramen, bis hin zur Mini-Hauptstadt von Slowenien, einem Mini-Alpenstaat. Wir drei Partylöwen mieten uns dort in eine ehemalige Bank ein, die nun mit Hostelbetten vollgestellt ist.

Zur Sicherheit mache ich den beiden gleich zu Beginn klar, dass die ganze Angelegenheit hier für mich wirklich dem Ende zugeht und ich nur noch einen Tag mit ihnen verbringen werde. Weder feiern will ich, noch auch nur ein einziges Mal hören, »where from« irgendwer ist.

Am nächsten Morgen stehe ich ganz besonders früh auf und verabschiede mich von Ian und Navid, die mir trotz ihrer

Schrägheit ein bisschen ans Herz gewachsen sind. Schon um sieben Uhr morgens stehen sie mit mir auf und trinken noch einen Kaffee. Wirklich kollegial.

Mit einem Bus fahre ich über lange Straßen in den Alpen. Ein paar Reihen hinter mir sehe ich einen jungen Typen sitzen, der aus dem asiatischen Raum kommen könnte. Die ganze Fahrt über macht der Fotos von der Straße. Von jeder Bergspitze. Jedem Tal. Jedem Tunnel, jeder Kurve und jedem Dorf. Ich sehe mich selbst mit der Begeisterung für jeden Blick in die Ferne, die auf einmal so nah ist, wenn man wirklich reist. Wohin er wohl reist? Ich denke mir, dass er sein Ziel sicherlich schon erreicht hat. Der Weg zu einem Ziel, das ist die Reise selbst.

Und wer den überspringt, verpasst vielleicht, wonach er eigentlich sucht. Nur zehn Tage nach dem Start meiner dreimonatigen Reise, an einem Ort, den ich beinahe überspringen wollte, habe ich nicht nur einen faszinierenden Ort entdeckt, wunderbare Menschen und eine reichhaltige Kultur. Ich habe sogar mein verdammtes Herz verloren.

Und das hole ich mir jetzt zurück. Zurück am Berliner Hauptbahnhof sehe ich Alaleh, die mir im iranischen Schiras ihr Land erklärt hat, an mir vorbeilaufen. So schnell kann ich gar nicht reagieren, wie ich mir ungläubig noch meine Augen reibe. Sie verschwindet im Meer aus schwarzen Mänteln und dunkelgrauen Rollkoffern. Ich sehe sie nie wieder.

Zu Hause erzähle ich meinen beiden Mitbewohnerinnen, was mir geschehen ist. Ich bin schon wieder verliebt. Sie grinsen. Ich erkläre ihnen, dass ich bereits morgen abreise. Einen Tag später steige ich in Kassel-Wilhelmshöhe aus dem Zug. Da steht sie: Mit einem Strauß Blumen in der einen und einem Pils in der anderen Hand.

Wenn die Zeit vergeht wie im Zug

Mit dem Zug zu reisen bedeutet, die Kontrolle abzugeben. Wir setzen uns hin und unter unserem Hintern braust es los. Laufen Schafe auf die Gleise, kommt der Zug zum Halt und eine Dame vom Personal sagt Sätze wie: »Wegen technischer Störungen verzögert sich die Weiterfahrt leider um wenige Minuten.«

Es sind beruhigende Abläufe wie diese, die uns in Gewissheit wiegen, dass da dutzende Menschen im Hintergrund arbeiten und wir nichts weiter tun müssen als atmen, um anzukommen. Mit dem Zug zu reisen hat etwas Romantisches, unschlagbar durch andere Formen der Fortbewegung. Filme wie Alfred Hitchcocks »North by Northwest« oder Wes Andersons »Darjeeling Limited« porträtieren ein mondänes Leben in Zügen, in denen gutgekleidete Menschen das Bordrestaurant aufsuchen, als wären sie auf dem Weg in die Oper. Romanzen bahnen sich an in ausladenden Privatkabinen und das Personal ist dabei so diskret und vornehm, wie es sich für ein Vier-Sterne Hotel gehört.

Wie weit diese Vorstellungen von der Realität entfernt sind, darüber muss hier kein Wort verloren werden. Und doch schaffen Romantisierungen einen Mythos, der bis heute die Realität überlebt.

Er lässt einige Menschen träumen von tagelangen Reisen - etwa mit der Transsibirischen Eisenbahn. Ganze Kontinente zu durchqueren mit einem Zug: Das mag Beobachtern nostalgisch anmuten, wie die idealisierten Vorstellungen übers Zugfahren in den Filmen. Warum zum Teufel sollte jemand auch so viel Zeit in einem Zug verbringen, wenn es schnellere Alternativen gibt? Ein Flug von Frankfurt am Main nach London benötigt gerade einmal zwei Stunden. Mit dem Zug sind es elf, wenn es gut läuft. Beinahe sechsmal so lang.

Lass uns gar nicht davon sprechen, wie viel teurer die Buchung einer Zugreise ist.

Die Argumente für eine Fahrt mit der Eisenbahn werden immer dünner. Gerade wenn es um Urlaube geht, eingefasst in zwei Wochen, auf die sich Kinder und Eltern freuen. Wenn zwei Stunden schreiende Kinder schon schlimm sind – wie grauenvoll sind dann elf Stunden mit mehrmaligem Umsteigen? Verrückt muss man sein oder moralische Bedenken voranstellen. Doch so mutig und ehrenhaft das erscheint, so unnötig ist es auch.

Die Zeit im Zug, und das ist keine Übertreibung, kann den schönsten Teil einer Reise ausmachen. Wer sich darauf einlässt, erlebt entspannte Stunden in einem rollenden Wohnzimmer und hört dabei Musik, sieht Lieblingsserien und Lieblingsfilme, isst Erdnüsse und unternimmt Exkursionen zum Bordrestaurant für eine warme Mahlzeit und ein frisches Hefeweizen. Selbst Umstiege werden wahlweise zu kleinen Sportübungen oder Citytrips im Mikroformat. Es sind die Dinge, die wir uns vom Urlaub wünschen: Zur Ruhe kommen. Zeit für uns. Auch mit Kindern geht das! Man muss nur vorbereitet sein. Auf eine gute Zugreise mit Kindern müssen Malsachen, Bücher und digitales Spielzeug mitgenommen werden. Noch besser aber sind Gesellschaftsspiele. Während dann der kleine Phillip versucht, ein Hotel auf der Chausseestraße zu bauen, ziehen Rapsfelder am Fenster vorbei. Die Wut über verlorene Mieteinnahmen erscheint nichtig beim Ausblick von einer gewaltigen Brücke mit tiefem Blick in ein waldgefülltes Tal.

Die Zeit, die wir meinten, nie zu haben. Wir haben sie im Zug. Warum? Weil es endlich keinen Ausweg gibt. Die Gehetztheit in unserem Alltag mag sehr viele Gründe haben.

Ein ganz besonders wichtiger aber ist die Vielzahl an Optionen. In den Zehnerjahren sprach man von FOMO, fear of missing out, also der Angst davor, etwas zu verpassen. Sie lässt uns erstarren in Unruhe, versetzt uns in Angst, unsere Zeit mit dem Zweitbesten zu verbringen, an einem anderen Ort zu sein oder etwas noch Besseres haben zu können. Im Resultat tun wir oft nichts. Nur Nichtstun gibt uns eine Garantie, das Falsche zu meiden. Gut, so könnte man nun argumentieren, oben im Flugzeug bin ich genauso eingesperrt ohne Ablenkungen. Auch dort kann ich über das Leben nachdenken, einen Käsetoast mit Dosenbier genießen oder auf meinem Handy Videos schneiden.

Und es stimmt auch. Aber wenn Menschen sie genießen, diese Zeit der Selbstreflexion, des Konsums und des Produzierens: Warum kürzen wir ausgerechnet an dieser Stelle? Ich denke, wir müssen uns von dem Gedanken freimachen, dass es eine Anreise gibt, die durch das Ziel abgelöst wird und das dort gefundene Glück erst mit der Abreise endet. Wir vergessen dabei all die Frustrationen und Wartezeiten, die Verschwendung, die wir an unseren Reisezielen erleben. Schlimmer noch: Wir stehlen uns selbst den Genuss der möglicherweise ruhigsten beiden Phasen unserer gesamten Reise.

Naja, zumindest, wenn wir keine schreienden Kinder dabei haben. Die Anreise kann sogar noch viel mehr sein als nur eine Chance zur Kontemplation, also eine Phase ultimativer Ruhe. Voller nicht eingelöster Erwartungen türmt sich unsere Vorstellung vom Ziel vor uns auf.

Je langsamer, desto besser: Denn wie wir uns dem Ziel nähern, nähern wir uns auch der Realität. Und die ist niemals so wunderbar wie die Welt in unserer Fantasie.

Das Ziel mag uns mit Überraschungen beglücken, neue Bekanntschaften mögen uns in neue Richtungen stoßen. Gleichzeitig wird jeder Ort unsere Erwartungen zwangsläufig enttäuschen.

Wir müssen einsehen, dass unsere Vorstellungen, die Romantik, ein Teil von uns sind. So müssen wir sie auch behandeln. Sehr oft sprechen wir deswegen von Erinnerungen an Urlaube oder Reisen, die wir niemals missen wollen. Genauso sollten wir jedoch auch Erwartungen wertschätzen: Sie sind das Gefühl der Vorfreude nach dem Moment der ersten Buchung. Die Glücksgefühle, die uns durch Monate und Wochen im Büro retten. Es ist ein bisschen wie bei der Liebe. Je schneller wir am Ziel sind, desto schlechter war es.

Okay. Was aber tun wir mit einer solchen Erkenntnis? Wie pflegen wir diese Vorfreude? Wie also steigern wir das Gefühl der Vorfreude ins Unermessliche?

Machen wir die Reisezeit zu einem Spiegelkabinett unserer Reflexionen. Dafür müssen wir unsere Ungeduld nur in die richtigen Bahnen lenken. Nähern wir uns dem Ort mit allen Sinnen: Dazu schauen wir während der Fahrt aus dem Fenster und beobachten die Veränderung der Landschaft.

Bei einer Reise in den Süden ändern sich mit der Zeit die Bäume und das Licht wird scheinbar wärmer. Im Norden bemerken wir eine veränderte Architektur und dramatische Felsformationen. Diese Veränderungen zeichnen sich nur zaghaft ab. Wir müssen schon sehr aufmerksam sein, um sie wahrnehmen zu können. Je mehr wir dies verinnerlichen, desto mehr synchronisieren sich unsere Gefühle mit dem Ziel unserer Reiselust.

Einen Film zu schauen, der am Zielort spielt, oder Musik zu hören, kann unsere Verbundenheit auf emotionaler Ebene weiter steigern. Wir können uns ein Buch mitnehmen und ein paar Worte in einer fremden Sprache lernen oder über die Geschichte eines anderen Orts lesen.

Wir können Pläne schmieden, wie wir uns am Zielort weiterbewegen: Was wir besuchen, was wir unbedingt einmal probieren wollen. Dann sind wir wieder ermüdet und dösen ein wenig mit nur einem Auge geschlossen und einem immer noch gierig aus dem Fenster blickend.

Als nächstes vertreten wir uns ein wenig die Beine. Kommen mit einer Flasche Wein zurück zum Platz und genießen ein Glas beim Blick auf den See, der die Sonnenstrahlen in kurvigen Linien reflektiert, während wir an ihm vorbeifahren. »Un bicchiere di vino ...« – Was war noch mal das Wort für bitte? »Per favore.«

Die Bäume werden länger, das Licht wärmer und der Sitz ist bereits eine gewisse Verbundenheit mit unserer Körperform eingegangen, sodass wir den Zug am Ende mit etwas Wehmut verlassen. Begeistert geht unser Blick auf die Decke des gläsern überkuppelten Ankunftsbahnhofes. Plötzlich müssen wir uns wieder durch Menschenmassen kämpfen.

Das Buch neben dem Weinglas in unserem Wohnzimmer auf Zeit ist nun nicht mehr da, um uns einen sicheren Blick in die Kultur und Sprache dieses Landes zu erlauben. Wir sind gezwungen, wieder zu funktionieren. In welcher Richtung liegt das Hotel? Wo ist die U-Bahnstation? Brauchen wir ein Taxi? Und wo kriegen wir Bargeld her? Dann verlassen wir den Bahnhof durch schwere Holztüren und vor uns eröffnet sich ein Ensemble von Gebäuden.

Wir werden ins Herz der Stadt katapultiert. Mopeds zischen an uns vorbei und aus jeder erdenklichen Richtung drängen Menschen hastig irgendwohin. Plötzlich gibt es so unglaublich viele Möglichkeiten. Wir freuen uns darauf, dass alles hier endlich greifbar geworden ist.

Unsere Vorstellungen werden jetzt abgelöst von der Realität. Und die ist unendlich schön. Aber ein wenig vermissen wir auch das Spiel mit den Bildern, die in unserem Kopf hausten. Für eine Millisekunde trauern wir um das Gefühl der Vorfreude und den Entzug der Pflicht, Entscheidungen treffen zu müssen. Die Ankunft nach einer Reise bedeutet das Ende der einmaligen Freiheit, Fortschritte zu machen, ohne dass wir dafür aktiv werden müssten.

Auf ein Wochenende in Bologna

Es sind fünf Jahre vergangen seit der Iranreise. Mittlerweile lebe ich mit Anna zusammen und der Alltag hat Einzug gehalten. Mit anderen Worten: Die Zeit für Reisen ist immer knapper geworden. Im Oktober wird deutlich, dass dieses Jahr keine Pause mehr absehbar ist. Die Tage fallen wie Kastanienblätter von den Bäumen. Eines Tages stelle ich mich Anna in den Weg und erkläre ihr, dass wir vor Jahresende unbedingt noch einmal weg müssen. Raus aus dem Ort, an dem wir unseren Alltag haben. Unser Leben mal von der Ferne aus betrachten. Mehr als ein verlängertes Wochenende ist trotzdem nicht drin. Was nun, wenn das Zeitfenster knapp, der Durst nach Ferne aber groß ist? Die Reise an einem Wochenende muss deswegen noch lange nicht in die nächstbeste Provinz gehen, wenn der Hunger nach Ferne unstillbar groß ist.

Schließlich sind wir in Europa gesegnet mit einer unvergleichlichen Dichte an historischen Schätzen, Kulturen und Traditionen. Europäer zu sein kommt einer Verpflichtung gleich, auf Entdeckungsreisen zu gehen. Und zwar ein Leben lang. Über eine Reisesuchmaschine buche ich eine Fahrt für zwei Personen in die norditalienische Stadt Bologna, zwei Monate vor der Abreise. Für zwei Personen kostet uns das gerade einmal 190 Euro, also 48 Euro pro Person und Fahrt.

Die Reisezeit beträgt zehn Stunden: Ums sechs Uhr morgens geht es am Leipziger Hauptbahnhof los und um 16 Uhr sollen wir am Zielort ankommen. Voller Vorfreude, mit einem Kaffee in der Hand und leichtem Gepäck für drei Tage Reise stehen wir am Donnerstagmorgen am Bahnhof. Erwartungsgemäß rollt der Zug Richtung München pünktlich ein und wir steigen leicht dösigen Schrittes zu. Wir hören Podcasts, knabbern an unseren mitgebrachten Brötchen und versuchen noch ein wenig zu schlafen, bis sich in Bayern die ersten Pendler zu uns gesellen und für eine gewisse Unruhe im Abteil sorgen. Das ist auch gar nicht weiter schlimm, ich beginne daraufhin, in der Zeitung zu lesen und Anna macht sich Notizen, welche Projekte sie nach ihrer Rückkehr als erstes angehen möchte. Als der Zug in München einfährt, ertönt eine Durchsage, die wir trotz ihres negativen Inhalts noch mit routinierter Gelassenheit hinnehmen: »Unsere Ankunft im Bahnhof München verspätet sich um wenige Minuten. Alle Anschlusszüge warten jedoch.«

»Toll«, sagt Anna, »was für ein guter Service. Und da meckern die ganzen Leute immer so rum!« Ich nicke verständnisvoll und blicke gleichzeitig mit wachsender Unruhe aus dem Fenster. Denn der Zug steht bereits ganze 15 Minuten. Einfach still. Als der Zug endlich an seinem Gleis ankommt, atmen wir erleichtert auf. Unser Zug nach Italien steht direkt auf dem Nachbargleis. Nun müssen wir nur noch rüberlaufen. Ein Mann vor uns nimmt direkt die Beine in die Hand und rennt, als ginge es um sein Leben.

Unsere anfängliche Coolness weicht mit jeder Person, die sorgenvollen Gesichtsausdrucks zu rennen beginnt.

Als wir das Gleis erreichen, ertönt ein Pfiff. Der österreichische Zug setzt sich in Bewegung, als hätte er nur darauf gewartet, dass wir keuchend vor ihm stehen. Wutentbrannt laufen wir gemeinsam mit anderen Bahngästen auf das Servicebüro zu. Schon auf dem Weg spiegeln sich unsere Emotionen in den Gesichtern anderer.

»Kann doch nicht wahr sein!«, sagt eine mittelalte Frau und wird von einem älteren Herrn ergänzt, mit den Worten:

»Typisch! Mehr sag ich nicht!«

Als wir dann vor einer jungen Frau stehen, tragen wir unser Unglück mit Fassung vor. Zu oft, das spüren wir, hat die Dame am Schalter schon die ungebremste Wut von Bahngästen ertragen müssen. Mit professioneller Selbstbeherrschung nehmen sie die Fälle dort zu Protokoll und prüfen dann alternative Wege zum Ziel. In diesem Raum am Rande der Bahnhofsgleise treffen behördliche Bürokratie auf den Anspruch einer modernen Servicekultur.

Uns ist klar: Bahnfahrer sind Individuen. Sie haben ein Recht auf ihre Fahrt. Aber ob die Fahrt auf einen Einzelnen warten sollte, zum möglichen Schaden anderer? Niemals. Bahnfahren ist Demokratie pur und eine perfekte Gelegenheit, sich in Gelassenheit und der Anpassung an Bedürfnisse anderer zu üben. Wir bekommen neue Tickets ausgehändigt.

Zwei Stunden warten müssen wir und werden Bologna ebenso zwei Stunden später erreichen. Ein ertragbares Ergebnis. Mit der Aura einer Büroangestellten unter Zeitstress bewegt Anna sich aus dem Bahnhof und läuft auf die Ampel zu. »Wohin willst du denn so schnell?«, frage ich während sie auf ihr Handy starrt. »Vertrau mir«, sagt sie nur.

Wir kommen gerade rechtzeitig an, als das Augustiner Brauhaus um zehn Uhr morgens seine Türen öffnet.

Ob sie denn schon offen haben für uns, fragen wir eine Tracht tragende Dame am Eingang. Sie nickt und weist uns mit ernster Miene auf die Einschränkung hin, dass die Weißwürste noch nicht fertig seien. Als erste Gäste des Tages nehmen wir Platz in einem holzvertäfelten Raum.

An den Wänden hängen historische Gemälde, die den Biergarten draußen in seiner ganzen Pracht zeigen: Kinder im modischen Gewand der Jahrhundertwende spielen unter prallen Linden, während Herren in landestypischer Trachtenkleidung sich ein Bier reinstellen. Auf unserem Tisch steht ein kleiner Korb mit herrlich duftenden Brezeln, die frisch gebacken und unwiderstehlich sind. Wir kombinieren sie mit einer Käseplatte und zwei hellen Bieren. Die Bedienung fragt tatsächlich, ob wir »ein Ganzes«, also einen vollen Liter haben wollen. Glücklich genießen wir unser Frühstück und denken uns: Was für ein Glücksfall, dass unser kleiner Urlaub diese unerwartete Einlage bekam! Es sind eben nicht wir selbst, die das Drehbuch einer guten Reise schreiben.

Bereits um elf Uhr morgens ist der gesamte Raum prall gefüllt: mit Geschäftsmännern und sonstigen Männergruppen. Allesamt offensichtlich Herren von hier, die das Augustiner am Münchener Hauptbahnhof in einer kleinen Oase aus Bäumen inmitten des geschäftigen Stadtzentrums auch einmal ohne Touristen haben wollen. Wenn sie nur wüssten! Naja, wissen sie wohl.

Wir ziehen weiter und haben noch einen Spaziergang durch die bereits vollwache Stadt. Die Münchener mögen zwar den frühmorgendlichen Einguss eines Bieres tolerieren, fehlende Umtriebigkeit aber findet hier wohl keine Sympathie.

Zurück am Bahnhof bleiben uns noch einige Minuten, um den Zug bei einer Weinschorle von außen zu beobachten.

Voller Glückseligkeit besteigen wir den beinahe leeren Zug. Ein Abteil mit sechs Plätzen teilen wir uns mit einer schüchternen österreichischen Dame, die verlegen aus dem Fenster blickt. Anna wiegt sich in einen Mittagsschlaf, während ich damit beginne, die Füße der Alpen zu beobachten, die sich langsam um uns herum auftürmen. In Österreich steigen immer mehr Menschen zu, die den Zug zum Pendeln zwischen den Städten in Alpenhöhe nutzen. Um uns herum sind nun putzige Häuschen mit hölzernen Balkonen zu sehen, von denen üppige Geranien wachsen.

Nach etwa vier Stunden Fahrt entlang dieser Postkartenansichten österreichischer Provinzromantik erreichen wir die Alpenspitzen, die sich vorher immer nur am Himmelsrand abzeichneten.

Erste Schneeflecken am Wegesrand animieren mich dazu, Anna durch eine vorgetäuschte Zugdurchbeutelung zu wecken. Ihr zunächst dunkler Blick in meine Augen, mein plumpes Manöver durchschauend, erhellt sich beim Anblick der stolzen Gebirgsmassive mit ihrem immer dichter werdenden Schneekleid.

Glücklicherweise haben wir die Pause in München nutzen können, um uns mit weiterem Proviant einzudecken. Dazu gehört ein frischer Obstsalat, ein knackiges Brot, belegt mit saftigem Brie, und eine Flasche trockenen Weißwein, die wir uns freilich noch aufheben.

Um uns herum wird es immer dunkler und leerer. Bis zur italienischen Grenze am Brenner steigen immer mehr Menschen aus und die Sonne versteckt sich hinter den Gipfeln, die uns etwas bedrohlich umstellen. Durch Tunnelfahrten wird der weiche Übergang in die abendliche Dämmerung immer wieder abrupt unterbrochen. Mein Buch muss ich dann immer wieder zur Seite legen, da es in unserem Abteil keine funktionierende Beleuchtung gibt. An der italienischen Grenze erreicht die Fahrt ihre Spitze.

Der Brenner ist der höchste Punkt, den wir erreichen werden. Dank der Europäischen Union bleiben uns jegliche Kontrollen erspart und wir setzen die Fahrt, besser die Abfahrt, durch Südtirol fort. Sehen können wir ab jetzt nichts mehr, also schauen wir Filme oder lesen Bücher. Es ist so ziemlich genau das, was wir auch zu Hause tun würden. Nur dass hier noch ein fremder Herr bei uns sitzt, der aber gleichgültig in sein Buch blickt und sich nicht weiter bemerkbar macht. Zeit, das Bordbistro zu erkunden. Eine richtig herbstliche Speisekarte liegt auf dem Tisch bereit, die wir unter dem geduldigen Blick des Obers studieren.

Ich entscheide mich für ein Kürbisrisotto, Anna für eine Penne Quattro Formaggi. Dazu zweimal Gösser-Pils. Zur Wahl gestanden hätten unter anderem auch Schnitzel, Kichererbsensalat und ein komplettes Jausenpackerl, was so viel bedeutet wie eine Schulhofgrundaustattung aus belegtem Brot, alkoholfreiem Getränk und einer Schokowaffel. Es gibt auch eine recht große Auswahl an Weinen. Selbst Longdrinks werden hier kredenzt. Schnell bedient werden wir auch, nur das Essen muss enttäuschen: Schulkantinen-Niveau.

Trotzdem sind wir nicht sauer und freuen uns immer mehr auf unsere baldige Ankunft in Italien. Nur noch eine Stunde! Die letzten Minuten verbringen wir in unserem Abteil, in dem der stumme Herr nun durch einen weiteren, noch stummeren Herren ergänzt wurde.

Ungeduldig versuchen wir an den Bahnhöfen zu erkennen, wie tief wir bereits im Land sind. Die Bauweise der Südtiroler Orte und ihre Umgebung sind stark vom Österreichischen geprägt.

Verlässt man aber die Gebirge, wandelt sich die Landschaft zu einem flachen Tal, Zypressen werden sichtbar und der typische Terrakotta–Farbton italienischer Häuserwände zeichnet sich ab.

Der Hauptbahnhof von Bologna ist ein Understatement für die Schönheit der Stadt, die sich uns bereits offenbart, als wir seine Tunnelgänge verlassen. Gewaltige Häuserblöcke im Stil des Klassizismus mit üppigen Arkadenbögen laden uns ein, die Stadt geschützt vor Regen zu erkunden. Dabei regnet es überhaupt nicht! Stattdessen genießen wir eine spätsommerliche Wärme, von der wir in den letzten Novembertagen in Deutschland schon nicht mehr zu träumen wagten. Gleich machen wir uns auf den Weg zu unserem Hotel, das uns als Ausgangsbasis für weitere Erkundungen dienen wird. In den nächsten beiden Tagen begehen wir die uralte Stadt mit ihrer sehr großen Altstadt im Renaissance-Stil mit noch mehr Arkadengängen, imposanten Kirchen und Märkten voll mit frischem Gemüse, hausgemachter Pasta und Fisch direkt aus dem Mittelmeer.

Wir finden alles, was eine Reise für uns interessant macht. Nur eines vermissen wir nicht: Rollkoffer. Bologna ist voller Leben, aber glücklicherweise weitgehend frei von uninspiriertem Massentourismus. Warum das wohl so ist? Ende November verreisen vergleichsweise wenige Menschen. Ein Punkt wiegt jedoch viel schwerer. Auf der Landkarte des globalen Tourismus ist Bologna beinahe unsichtbar.

Die meisten der günstigen Fluglinien steuern die Stadt nicht an. Zu attraktiv sind Städte wie Venedig, Mailand und Rom. Unbedingt probieren muss man einige lokale Spezialitäten. Bloß nicht an Spaghetti Bolognese denken! Auch die anderen Teigwaren, auf die sich einige Touristen stürzen, kann man guten Gewissens verpassen. Die frische Pasta, vor allem gefüllte Tortelloni oder Tagliatelle, sind natürlich wunderbar, aber keineswegs einmalig. In einer Gasse abseits vom großen Marktplatz, über den die Basilica di San Petronio wacht, findet sich alles, was man braucht. Die Via Pescherie Vecchie ist zwar benannt nach ihren Fischhändlern, hat sich aber über die Zeit zum kleinen Mekka für Liebhaberinnen aller möglichen Köstlichkeiten entwickelt.

Wer durch die Straße läuft, wird es schwer haben, das ganze Wasser aufzuhalten, dass einem aus dem Mund zu laufen droht. Um die Fassung zu bewahren und einigermaßen elegant zu wirken, einfach ab und zu an einen Discounter-Supermarkt denken, der die Waren in Kartons auf Paletten stapelt. Ganz anders hier: Überall springen üppige Salate und glänzende Tomaten ins Auge, Fische aalen sich in einem Bett aus Eisbrocken und beim Betreten eines der vielen kleinen Geschäfte findet man sich umgeben von riesigen Käsestücken im Format von Reifen eines Kleinwagens. Schinkenbeine hängen von der Decke. Ist zwar pervers, aber irgendwie auch eindrucksvoll.

In kleinen Bistros werden zum Rotwein frische Hefefladen gereicht, Crescente genannt, in denen der Schinken gleich mit eingebacken ist. Die Italiener nehmen's locker und wickeln die frischen Mortadella-Scheiben trotzdem noch drumherum. Schon zum frühen Nachmittag bekommt man als Gast in den meisten Cafés oder Bars einen Snack gereicht. Ungefragt! Die Bolognesen begnügen sich aber nicht mit einer Schüssel Kartoffelchips, wie ich es in anderen italienischen Orten erlebt habe.

Oh nein. Der Gast, der sich hier in der rot-schimmernden Abendsonne auf der Terrasse mit anderen Bon vivants niederlässt und einen schönen Weißwein oder Aperol Spritz bestellt, bekommt dazu Schälchen mit Oliven und Bruschetta. Die Gastronomen überbieten sich geradezu. Einige reichen ganze Pizzastücke und Antipasti-Platten.

Über 600 Bistros, Cafés und Trattorien soll die Stadt mit nicht einmal 400.000 Einwohnern haben.

Rekordverdächtig in einem Land, das ohnehin wie kein zweites für die Lust am Genuss steht.

Besucher finden hier mühelos authentische Küche. Die Kunst besteht eher darin, nicht übermäßig früh bereits voll zu sein. Ein Spaziergang am nächsten Tag führt uns auf einen kleinen Markt in der Nachbarschaft. Ziellos laufen wir umher, der Nase nach, wo es duftet. Plötzlich sehen wir Menschen, die alle in eine Richtung laufen. Sie folgen einem Gitarrenspiel. Das kommt vom Eingang zu einem kleinen Bauernmarkt, der aus nicht einmal acht Ständen besteht.

Ein Pärchen aus der Provinz verkauft Eier, und um zu betonen, wie frisch die seien und wie gut es den verantwortlichen Hühnern geht, stehen zwei von ihnen in einem Käfig neben dem Stand. Wie süß! Der Trick kommt an. Für Käse und Eier stehen die Menschen hier Schlange. Wir genehmigen uns eine Art vegane Pizza, eine Focaccia, die wiederum belegt wurde: mit Tomate und Rucola, bestrichen mit Kürbiscreme, garniert mit Avocadostreifen. Besonders überrascht sind wir von der Modernität von der bolognesischen Küche, der unglaublichen Auswahl an veganen Gerichten. In jeder Ecke ein Bistro, in dem klassische Gerichte komplett neu und schinkenbeinfrei interpretiert werden. Die Italienerinnen können es eben immer noch, denken wir uns.

Als der Morgen des dritten und letzten Tages unserer Reise gekommen ist, haben wir immer noch genug Hunger auf diesen Ort. Schon früh stehen wir auf, um noch schnell den Teil der Stadt jenseits der trennenden Gleise, nördlich des Bahnhofs zu erkunden. Ruhig ist es dort. Es herrscht Sonntagsstimmung.

Aus den Fenstern riecht es bereits nach ersten Vorbereitungen für das Mittagessen.

Um uns herum einfache Blockrandbebauung. Altbauten, drei Stockwerke, vielleicht auch vier. Leere Marktstände. Kleine Cafés. Wir trinken einen letzten Espresso. »Fühlst du es auch?«, frage ich Anna.

»Ja. Ist wie zu Hause hier.«

Wenn man es geschafft hat, an einem fremden Ort bereits nach drei Tagen ein Gefühl von Zuhause entwickelt zu haben, dann ist man am Ziel. Und kann weiter. Wir sind glücklich mit dem, was dieser Ort aus uns herausgeholt hat: Wir haben entdeckt und gestaunt, sind zahllose Kilometer gelaufen und haben trotzdem zahllose Kilos zugelegt.

In nur drei Tagen haben wir das geschafft, von dem wir selbst glaubten, es bräuchte mindestens drei Wochen. Dabei glaubten wir immer, besonders weit weg reisen zu müssen, etwa nach Iran. Es stellt sich heraus: Womöglich kann unsere Sehnsucht nach der Ferne oft schon wenige Stunden von unserem Wohnort befriedigt werden. Wie oft in unserem Leben haben wir Flugzeiten von einem Dutzend Stunden in Kauf genommen, während wir eine Zugreise ins europäische Ausland für zu lang hielten?

Die Erfindung des Urlaubs hat nicht das Geringste damit zu tun, besonders weit weg zu fahren. Urlaub, das ist die Idee, für eine kurze Zeit irgendwo zu sein, Hauptsache nicht zu Hause. Zeit für Reflexion zu finden in der Leere, die sich aus dem Mangel von Aufgaben ergibt. Das Schöpfen von Energie, die wir im Glück neuer Eindrücke finden. Möglicherweise auch aus all dem guten Essen und dem Wein, der uns sonst in den Kantinen und Supermärkten des gewöhnlichen Lebens verwehrt bleibt.

Ein Wochenende irgendwo in Europa zu verbringen, fällt niemandem leichter als uns, deren Haus im Zentrum des Kontinents steht. Nutzen wir dieses unglaubliche Privileg.

Die Freiheit der Planlosigkeit

Der britische Autor Dan Kieran hat im Jahr 2014 ein unterhaltsames Buch mit dem Titel »Slow Travel: Die Kunst des Reisens« geschrieben.[13] Darin schildert er unter anderem eine großartige Reise durch Großbritannien mit einem Milchwagen, der maximal 25 Kilometer die Stunde fährt, und die unglaublichsten Begegnungen, wenn der mal wieder zum Stehen kommt. Unter anderem ist mir ein Satz von ihm in Erinnerung geblieben: Lose übersetzt, dass wir »die Dinge nicht vorhersehen können, an die wir uns später erinnern werden.«

Hören wir uns Geschichten einer Reise an, sind das selten Erlebnisse, in denen der Flieger pünktlich abgehoben, oder das Hotel unseren hohen Erwartungen an Sauberkeit und Top-Blick entsprochen hat. Vielmehr sind es die kleinen Dramen, die wir selbst zuerst als großes Unglück erleben, später aber als das wahrnehmen, was sie sind: ein echtes Geschenk. Sie lassen sich wunderbar erzählen, bringen unsere Zuhörer zum Lachen und bestenfalls sogar zum Nachdenken.

Unerwartete Ereignisse machen Reisen spannend, weil sie uns von unseren langweiligen Plänen abbringen. Von Abfahrtszeiten und Ausflügen, die wir selbst im Alltag ausgearbeitet oder von professionellen Urlaubsarchitekten entwickeln lassen haben. Im Unerwarteten liegt überhaupt erst der Reiz einer Reise: Wir wollen ja dorthin, wo wir die Straßen noch nicht kennen, die Menschen nicht verstehen und das Essen uns überrascht. Auf Reisen wollen wir unsere Gewohnheiten infrage stellen. Die dafür nötigen Fragen stellen sich uns erst, wenn wir Ungewöhnliches erleben.

Das Drama einer guten Reise beginnt oft schon, bevor wir sie überhaupt antreten. Bei der Wahl des Ziels ringen wir mit unseren Reisepartnern, bei der Abfahrt packt uns die Furcht vor dem Loslassen gewohnter Pfade. Dem Stress versuchen wir mit Plänen beizukommen, an die wir uns klammern, um das Unvermeidliche abzuwenden.

Nicht selten markiert das Unglück in der Reise den Wendepunkt, an dem wir uns eingestehen müssen, dass die Welt größer ist als wir selbst. An diesem Punkt entscheidet sich, wie die Geschichte ausgeht. Ob wir am Ende in lachende Gesichter sehen, wenn wir die Geschichte erzählen. Oder sie lieber für uns behalten. Gut aus einem solchen Drama herauszukommen, dessen Ausgang wir selbst schreiben, ist nichts Geringeres als die Kunst der Lebensführung. Während uns der Hergang noch abgenommen wird, können wir selbst und niemand anderes entscheiden, wie wir damit umgehen.

Eine Reise ist die perfekte Gelegenheit, diese Fähigkeit zu trainieren. Nur was, wenn nichts schiefgehen mag? Wenn wir aus zwei Wochen Urlaub zurückkommen und nichts zu erzählen haben? Ziemlich unwahrscheinlich, dass das jemals geschehen wird. Selbst wenn wir uns vornähmen, zwei Wochen straight im Hotelbett zu verbringen, das Essen an unsere Tür liefern lassen und jeden Tag mit dem gleichen Ablauf zu gestalten: ein Sektfrühstück in der Badewanne, dann Sonnentanken auf der Terrasse, ein deftiges Mittagessen, eine Massage, eine Weinschorle mit Fruchtkompott zum Nachmittag und dann ein Abendessen im Kerzenschein. Zum Abschluss eine romantische Komödie.

Verrückt würden wir werden! Auch das könnte eine prima Reise werden, es wäre dann wohl eine Inspektion von uns selbst. Aber egal, wie gut ausgearbeitet der Plan und ganz gleich, wie viele äußere Einflüsse wir ausschließen:

Das Drama entfacht sich aus uns selbst. Und sei es aus purer Langeweile.

Okay. Wenn wir diesem Drama nun also ohnehin nicht entkommen können und es gleichzeitig so eine großartige Chance darstellt: Dann ist die Zeit fürs Pläneschmieden doch komplett verschwendet! Keinen Plan zu haben, mag sich zunächst einmal ein wenig beängstigend anhören. Und diese Angst ist vollkommen normal. Im Kopf sammeln sich ohnehin allerhand Skizzen an, die wir jeden Tag mit uns herumschleppen. Das sind Ideen, wer wir mal sein könnten ...

Ein gutgekleideter Gentleman auf einem Kreuzfahrtschiff, der dem Kapitän erzählt, wo es langgeht. Der am Roulettetisch gleich zweimal die Fünf würfelt, welche dann auch gewinnt und er daraufhin den ganzen Jackpot sowie die Bewunderung aller Frauen sicher hat. Stellen wir uns doch jetzt ganz einfach einmal vor, diese Skizzen zu Papier zu bringen. Nichts anderes passiert, wenn wir planlos reisen.

Wir machen Skizzen und sehen dabei, wie sich unsere Vorstellungen anfühlen, wenn Stift und Papier auf unsere fahrigen Finger treffen. Wenn wir reisen, dann sehen wir, was Orte mit unseren Füßen machen, Menschen mit unseren Karten tun und Zeit mit Geld anstellt.

Es geht um nicht weniger als die Aufgabe der Kontrolle. Das ist die Kontrolle, von der wir glauben, sie zu haben. Die wir in Wirklichkeit aber niemals besitzen. Wenn wir dem Zufall dagegen ganz bewusst den Raum lassen, hilft uns das, diesen Kontrollverlust auch zu akzeptieren. Das unerwartete Ereignis verwandelt sich dann vom Unfall zum Glücksfall. Ein Vorteil, der sich daraus für uns ergibt: Wir können ganz anders damit umgehen. Während andere den verpassten Zug als Pech wahrnehmen und die Zerstörung ihres Plans betrauern, sitzt du dann als toller Gentleman bereits im nächstbesten Café und trinkst einen Double-Choc-Latte mit italienischem Keksgebäck.

In dem Moment, in dem wir unsere ersten Schritte ins ungeplante Terrain laufen, vergessen wir den ursprünglichen Ablauf. Und das, ohne auch nur eine Träne darüber zu weinen! Eine ganz neue Story entspinnt sich wie von selbst, einfach aus dem, was unsere Kreativität mit dem anstellt, was vor uns liegt. Ein Spaziergang in die Stadt, ein Restaurantbesuch oder ein Gespräch mit der Dame im Lottoladen.

Alles ist besser, als sich dem Zufall zu verweigern. Denn dann sitzen wir einfach nur rum und warten.

Und das können wir auch zu Hause. Wie oft sieht man Menschen, die an einem Flughafen festsitzen, weil ihr Flug abgesagt wurde. Beleidigt hängen sie auf unbequemen Gitterstühlen und betrauern die Zeit, die sie verloren zu haben meinen: Bereits an einem Pool mit kristallklarem, sonnengewärmtem Wasser sitzen könnten sie! »Ach Mensch, Wie schön das wäre!« – »Und jetzt: Hier!« Wut steigt auf. Und schon wieder stellen sie sich irgendwas vor, was ohnehin nie sein wird. Genau wie der Gentleman, der beim Roulette gewinnt. Derweil geht im Hotel gerade ein Norovirus um, der Pool ist daher vorsorglich gesperrt. Pläne sind Bullshit, denn äußere Einflüsse lassen sich nicht rausrechnen.

Flughäfen sind ein Albtraum in solchen Situationen, weil sie uns einsperren und wir aus Zufällen nicht mehr das machen können, was wir wollen. Wer Zufälle in die Planung gleich mit einbaut, plant wirklich weise. Es geht also gar nicht darum, überhaupt nichts zu planen. Wenn wir versuchen, mit der Zukunft zu arbeiten, müssen wir uns auf Unwägbarkeiten einstellen. Ein Bespiel: Ohne ein Bett für die Nacht in einer fremden Stadt ankommen, das kann wirklich Stress verursachen.

Es kann passieren, dass wir zu einem Hotel hinlaufen und die Bude dann ausgebucht ist. Oder wir rufen ein Dutzend Hotels an. So wäre das zumindest vor den Zehnerjahren gewesen. Dank praktischer Smartphones steht uns heute eine beispiellose Flexibilität offen. Noch beim Einfahren in einen Bahnhof können wir problemlos ein Zimmer reservieren. Es ist eine Sache von Minuten. Klar, es kostet am Ende manchmal mehr Geld – wir haben dann vielleicht weniger Optionen, weil unser Traumhotel möglicherweise ausgebucht ist.

Das planlose Reisen kann uns vielleicht ins Schwitzen bringen, was wir dann entweder kreativ ausbaden müssen oder mit Geld umgehend fixen. Gut, solange wir Geld dabeihaben. Wie immer müssen wir auch in dieser Frage das richtige Maß für uns und unsere Mitreisenden finden. Es kann zum Beispiel von Vorteil sein, eine grobe Route im Kopf zu haben. Eine grobe Skizze, die wir jederzeit ändern können, uns aber als ein gewisser Anker gilt. Es ist auch keine schlechte Idee, das Hotel bereits ein wenig im Vorfeld zu buchen. In der Regel reicht es vollkommen aus, das Bett ein bis zwei Tage vor der Ankunft zu reservieren. Noch nie, wirklich niemals ist es mir passiert, dass ich auch bei kurzfristigen Reiseentscheidungen keine Unterkunft gefunden hätte.

Das Gleiche gilt für die Reisen zwischen den Orten: Ein Ticket am Bahnhof oder Busbahnhof ist schnell gebucht und manchmal kann man schon kurze Zeit später direkt einsteigen. Keine mühsamen Check-ins, keine Fahrt raus an den Stadtrand, wo es sonst nichts gibt außer den Flughafen. Wenn wir mit der Bahn oder dem Bus reisen, können wir wirklich frei sein. Lediglich größere Fahrten über Grenzen hinweg sind deutlich günstiger, wenn wir sie bereits ein wenig im Vorfeld buchen. Die Hin- und Rückreise zu einer ersten Landmarke und wieder zurück bereits einige Wochen vorab zu buchen, kostet zwar sehr viel Flexibilität, kann dabei aber enorm viel Geld sparen. Die Faustregel: Nur so viel buchen, wie man für ein sicheres Gefühl benötigt. Nehmen wir ein Beispiel: den klassischen Urlaub auf der griechischen Insel Zakynthos bei einem Zeitbudget von zwei Wochen.

Den können wir mit dem Flieger antreten und sind von München aus in 2:20 Stunden am Ziel, lassen uns dort mit Halbpension verköstigen und machen Ausflüge mit einem Mietwagen und eine Bootstour über weitere Inseln.

Die meiste Zeit haben wir dafür, in der Sonne zu liegen und Cocktails zu trinken. Regnet es, werden wir unglücklich und uns fragen, warum zum Teufel man uns so wenig Glück gönnt: Das ganze Jahr hart gearbeitet und zwei Wochen Urlaub fallen ins Wasser! Oder das Hotel hat ein Zimmer im Erdgeschoss, die Sonne kommt nur in wenigen Vormittagsstunden zum Vorschein. Wir sind sauer und reden mit der Hotelleitung. Fragen, ob ein anderes Zimmer nicht möglich sei.

»Alles ausgebucht«, sagen die dann und wir können nichts anderes tun, als uns zu ärgern über diesen furchtbaren Urlaub, den wir uns ganz anders, aber schon gar nicht so vorgestellt haben. Wenn wir uns aber dagegen mehr Raum schaffen, können wir mit Unwägbarkeiten viel besser umgehen. Die Kunst liegt also nicht unbedingt darin, überhaupt keine Pläne zu machen, sondern nur keine dummen. Solche, die uns selbst die Freiheit nehmen. Das planlose Reisen verändert nicht nur die Art, wie wir reisen, sondern auch die Ziele. Dazu gehört es auch, Orte zu meiden, die uns kaum Entrinnen ermöglichen, wie etwa eine Insel. Oder noch schlimmer: einen Flughafen. Was für eine Ironie, dass meine Planlosigkeit und grenzenlose Naivität in Istanbul mich einmal dann doch genau da hin gezwungen haben. (Siehe Kapitel »Mit dem Zug nach Iran«)

Wer planlos reist, muss schnell reagieren können. Wir haben uns in einen Ort verliebt? Also bleiben wir. Die Stadt, die in unserer Vorstellung so magisch erschien, ist in Wirklichkeit ein grauenvoller Moloch? Nichts wie weg. Es regnet? Lass uns der Sonne folgen! Die im Beispiel beschriebenen zwei Wochen Urlaub könnten wir ein wenig planlos verbringen. Na gut, sagen wir, lass es eine Insel sein. Aber eine in Kroatien. Das erreichen wir sogar mit dem Zug. Fahrtzeit: 17 Stunden. Eine Zugreise gibt's ab 45 Euro pro Person. Der Preis ist auf dem Niveau eines teuren Billigfluges und mag selbst für erprobte Easyjetter verkraftbar sein. Aber 17 Stunden? Das haut einen erst einmal um. Doch dafür eröffnen sich neue Gestaltungsmöglichkeiten und das ist ja Teil der Idee: Den Weg erkunden, mehr Raum für Erfahrungen schaffen, wo vorher nur 14 Tage auf einer Insel waren.

Wir könnten also eine grobe Route bestimmen: Nach München, dann über Österreich und Slowenien nach Kroatien, das bereits im Norden des Landes mit zahlreichen Inseln gesegnet ist.

Es ist eine Typfrage, wie viel wir davon bereits vorab buchen. Erst einmal nach München und dann schauen, wie es dort so ist? Am Ende wollen wir da noch bleiben, weil wir die Stadt sonst nur von Geschäftsreisen kennen, dabei ist das eine aufregende Metropole. Einen Tag sollten selbst Menschen einplanen, die sonst keine Städtereisen mögen.

Danach könnte es weitergehen nach Wien und dann in die kroatische Hauptstadt Zagreb. Da zwei Wochen eine kurze Zeit sind, lohnt es sich, die Anfahrtszeit bei einem recht weit entfernten Ziel zu begrenzen. Dafür gibt es einen Trick bei der Bahn, mit dessen Hilfe sich eine solche Fahrt gleich in einem Rutsch gestalten lässt und wir trotzdem etwas dabei erleben. Bei der Online-Buchung können wir für längere Zugreisen Zwischenstopps einbauen, die unsere Reisezeit in Etappen teilen. Praktischerweise lässt sich dort für bis zu drei Zwischenstopps auch gleich die gewünschte Pausenzeit eintragen.

Genauso habe ich es bereits einmal getestet und es hat wirklich traumhaft gut funktioniert. Eine weitere, mögliche Route sieht so aus:

Von München aus fährt ein Zug nach Ljubljana, der slowenischen Hauptstadt. Die eignet sich perfekt für einen Tag zum Runterkommen. Die Stadt ist klein, aber voller Kultur und vieler Restaurants. Ihre beinahe hundertprozentig erhaltene Altbau-Innenstadt wird überthront von einer alten Burg, zu der man eine kleine Wanderung durch den Wald unternehmen kann. Also, Hügel hoch! Dort werden wir belohnt mit einem magischen Blick und entdecken die Standseilbahn, die uns hier auch hätte hochfahren können. Wir nehmen sie, um wieder runter in die Innenstadt zu fahren und belohnen uns dort mit einer riesigen Portion Pommes.

Kurz bevor es uns hier zu langweilig wird, also nach exakt 32 Stunden, nehmen wir wieder einen Zug, diesmal nach Rijeka, das ist eine Küstenstadt in Kroatien, die einen Hafen hat, von dem aus wir allerhand süße Inseln erreichen können. Natürlich machen wir nicht den großen Fehler, einen Ort zu verpassen, indem wir ihn als bloße Umsteigstation betrachten. Ein Kardinalfehler, den so unglaublich viele Menschen begehen, ganz einfach, weil sie einen Plan verfolgen. Rijeka zeichnet sich schon ab, als wir noch im Zug sitzen. Aus den Alpen heraus laufen die Gleise runter ans Meer wie ein Gletscherbach. Wenn der Zug ins Tal runterrollt, nehmen wir die frische Meeresluft schon im Zugabteil war und kleben wie alle anderen Passagiere am Fenster. Die herrliche Hafenstadt ist nicht groß, aber großzügig. Sie bietet alles, was eine Reise spannend macht: Wir können einen herrlichen Markt voller frischem Gemüse und viele Fischrestaurants entdecken, die Geschichte der Seefahrer in einem eigenen Seefahrermuseum bestaunen und dann schließlich selbst in See stechen. Zur Wahl stehen große, kleine und mittelgroße Inseln mit so leicht zu merkenden Namen wie Krk, Rab und Cres. Alle Inseln bieten genau das, was wir auch auf Zakynthos gefunden hätten: süße Küstenstädtchen mit mediterraner Küche, schattige Campingplätze am Meer, Hotels mit Pool, Ferienwohnungen mit eigener Küche und Strände voller Muscheln im Sand. Wir können uns dort tagelang in die Sonne legen oder Fahrräder und Boote mieten. Uns langweilen, bis es wehtut. Im Unterschied zu Zakynthos büßen wir sechs Tage Inselzeit ein.

Statt zweieinhalb Stunden im Flieger, sitzen wir sieben Stunden im Zug und verbringen dann den Abend und den nächsten Tag im zauberhaften Ljubljana, fahren dann noch einmal fünf Stunden mit dem Zug in die alte Seefahrerstadt Rijeka, wo wir frischen Fisch auf dem Markt essen und eine Nacht verbringen, während die Meeresluft schon in unserer Nase liegt. Auf der Fahrt mit der Fähre können wir Delfine dabei beobachten, wie sie neben uns im Wasser herumhüpfen und dann erinnern wir uns an das Rijekaer Museum mit den Kolonial-Fregatten der Niederländer und stellen uns vor, selbst echte Erkunderinnen zu sein, als sich unsere Insel vor uns abzeichnet.

Je mehr Freiraum wir uns selbst geben, die Reise flexibel zu gestalten, desto leichter entstehen unvergessliche Momente.

Es ist ein bisschen, wie ein Notizbuch zu kaufen und seine leeren Seiten dann mit Geschichten zu füllen, die uns auf dem Weg geschehen, anstatt einen Roman zu kaufen, den wir am Pool lesen.

Welche der beiden Geschichten werden wir nie wieder vergessen, weiterzählen?

»Es ist nicht das Ziel, wo du endest, sondern bei den Missgeschicken und Erinnerungen, welche du auf dem Weg sammelst.«

Penelope Riley, Autorin »Travel Absurdities«

Arbeiten im Zug

Erinnerst du dich an die Momente, in denen du durch den Zug läufst und auf die Rückseiten von aufgeklappten Laptops schaust? Dahinter stets: ernste Miene, konzentrierter Blick.

Du machst dir deine Tüte Chips auf und guckst weiter aus dem Fenster, während Fragen in deinem Kopf auftauchen, warum du es niemals zu etwas bringen wirst. Deine Faulheit steht dir im Weg: Diese verdammten Erfolgsmenschen um dich herum nutzen wirklich jede Sekunde dafür, um ihre Karriere voranzubringen. Genau wie der Zug geben sie nicht nur 100 Prozent, sondern gleich 270 Kilometer pro Stunde. Und das konstant! Es reicht, den gleichen Weg noch einmal zu laufen, diesmal aus der anderen Richtung, und du wirst aufatmen können. Der konzentriert blickende Herr spielt in Wirklichkeit eine Aufbausimulation im Weltall, bei der es darum geht, möglichst viel Uran anzuhäufen und damit gewaltige Waffen zu bauen, um Aliens zu besiegen, die genau das Gleiche tun. Die Frau mit der ernsten Miene schaut währenddessen eine Serie, über eine Dreierehe, die immer wieder auf die Probe gestellt wird. Gerade ist mal wieder jemand fremdgegangen und jetzt diskutieren sie im Plenum über die Bedürfnisse aller Beteiligten.

Auch wenn es fast niemand wirklich tut, kann die Arbeit im Zug durchaus ihre Vorzüge haben. Keinerlei Ablenkung aufgrund fehlender Möglichkeiten. Perfekt: Selbst das Handynetz funktioniert in Deutschland zu Beginn der Zwanzigerjahre noch nicht flächendeckend. Es können also weder Vorgesetzte oder Kollegen, noch Familienmitglieder stören. Und doch sieht auch der oder die größte Erfolgsjägerin ein, dass Pausen überlebenswichtig sind und die Zeit im Zug viel zu wertvoll ist, um sie mit Arbeit zu verschwenden.

Natürlich gibt es Menschen, die den Zug tatsächlich zum Arbeiten nutzen.

Es gibt sogar einige, die das Büro mit Vorsatz gegen den Zug austauschen. Die also gar nicht an ein bestimmtes Ziel wollen, sondern die Zeit im Zug bewusst nutzen, um zu arbeiten. Eine ganze Bewegung von diesen Menschen gibt es, sie nennen sich digitale Nomaden. Einer von ihnen heißt Thorsten Kolsch. Der freie Journalist stellt seine Arbeitsweise auf dem hausinternen Blog der Deutschen Bahn vor.[14] Dort gibt er an, für fokussiertes Arbeiten ganz gezielt einen Zug zu nehmen. Eine Bahncard 100, also eine deutschlandweite Zugflatrate im Wert von knapp 4000 Euro ermöglicht es ihm, zu reisen, so oft er will. Kolsch zählt die Vorteile seines rollenden Büros auf: »Niemand, da, der mich stört und mich anspricht«, und trotzdem »ist man nicht alleine«. Den meistunterschätzten Wert sieht er auf seiner stundenlangen Fahrt nur fürs Arbeiten aber im Folgenden:

> »Während viele Schreibtischtäter in einem Großraumbüro sitzen und von der Außenwelt abgeschnitten sind, zieht in meinem Fall halb Deutschland an mir vorbei. Ich beobachte die Landschaft, die Sonne, die Berge und die Täler. Zwischendurch einfach mal nicht auf das Notebook schauen – das geht hier wunderbar.«

Es ist also auch für diesen »Schreibtischtäter« (eigentlich ein Begriff für die Planungsmitarbeiter der NS-Morde[15]) viel mehr als nur die Abgeschiedenheit und die Ruhe, die den Zug zum Büro mit gewissen Vorzügen macht.

Offenbar tut es unserem Kopf gut, immer wieder ein wenig Ablenkung zu finden, Input durch eine sich verändernde Landschaft. Durch Gespräche, die wir mithören können oder Interaktionen, die sich aus dem Alltäglichem ergeben. Und sei es aus dem kurzen Plausch mit dem Personal im Bordbistro oder einem anderen Fahrgast, der sich über das schlecht funktionierende WLAN ärgert.

Noch ein Grund für das Faulenzen im Zug: das Arbeitsrecht. Unser Waggon ist ein öffentlicher Ort und Geheimhaltungsklauseln aus Arbeitsverträgen lassen sich nicht einhalten, wenn wir auf dem Laptop wichtige Akten oder am Telefon sensible Präsentationen sichtbar machen. Der »ZEIT« sagte der Arbeitsrechtler Ulf Weigelt im Jahr 2011, dass »Journalisten, die im Zug die Fetzen aus dem Telefonat über die Firmenfusion oder Bilanzzahlen vom Monitor des Netbooks mitbekommen, diese Informationen verwenden und sogar veröffentlichen [dürfen].« Wer es wirklich wissen will, also etwas erreichen muss, sucht den Kompromiss. Schließlich ist Ruhe gut zum Arbeiten, und irgendwann muss man die Aufgaben auch mal hinter sich bekommen. Also teilen wir uns die vier Stunden Zugfahrt vielleicht. Ein Drittel davon für eine Arbeit, die hohe Konzentration erfordert. Die übrige Fahrtzeit bleibt zum Entspannen, alles andere ist auf der Strecke von Frankfurt nach Hamburg ohnehin nicht machbar.

Warum aber haben wir das Gefühl, dass unsere Mitfahrenden im Zug durchwegs arbeiten und fühlen uns unter Druck gesetzt, diese Zeit ebenso mit Powerpoint-Präsentationen zu verbringen? Die Arbeit im Zug ist ein Mythos der Moderne, in der wir maschinengleich unsere Zeit nutzen müssen. Als hätten wir kein Recht, einfach nur zu fahren.

Und doch bleibt das alles eine Lüge. Natürlich müssen wir sie aufrechterhalten! Es gibt schließlich gute Gründe dafür.

Der Erste ist ein ganz wirtschaftlicher: Melden wir der oder dem Vorgesetzten, dass wir die Zeit im Zug privat verbringen, würde die Fahrtzeit und womöglich sogar der Fahrschein nicht mehr vom Arbeitgeber finanziert werden. Und das wäre eine große Dummheit unsererseits. Wie großartig es sich anfühlt, fürs aus dem Fensterschauen oder Schlafen bezahlt zu werden, das wissen nur Angestellte im Zug. Die schönste Zeit ist die gestohlene, das war schon früher wahr und das ist es heute umso mehr, je weiter sich das Gefühl latenter Zeitnot verbreitet.

Grund zwei: unser Ego. Natürlich wollen wir ja auch arbeiten und vorankommen. Also betreten wir den Zug weiterhin mit ehrgeizigen Gesichtern, vielleicht hoffen wir sogar, dass wir tatsächlich einmal produktiv sein werden. Wir stellen unsere Laptops selbstbewusst auf den Tisch, klappen sie auf und geben uns die allergrößte Mühe, zumindest beschäftigt auszusehen. Ein paar Tippübungen: »Ich bin hier. Du bist da! Hahaha.« Beobachtungen könnten wir zu Protokoll geben: »Strenger Herr auf Reihe 21, Sitz 75. Betrachtet womöglich erotisches Bildmaterial.«

Es reicht uns aber nicht, dass unsere Mitfahrenden glauben, wir seien wichtig und nutzten diese Fahrt, um etwas von Bedeutung zu tun. Sie, die Untätigen, sollen sich gefälligst auch schlecht fühlen dabei. Diese Nichtsnutze! Das Wichtigste an einer guten Lüge ist, dass wir sie selbst glauben.

Der dritte Grund: Die Zeit im Zug wirkt sich positiv aus auf unsere Arbeit, selbst wenn wir untätig bleiben. Dem »Manager Magazin« antwortet der Marktforscher Stephan Grünewald folgendermaßen auf die Frage, ob er im Zug arbeite:

> *»Ja, wenn es sich nicht vermeiden lässt. Aber ich rate davon ab. Die Zugfahrt zum Büro und nach Hause ist eine der wenigen Dehnungsfugen, die uns im Alltag bleiben. Das ist eine Zeitspanne, in der wir weder arbeiten müssen, noch häuslichen Verpflichtungen nachgehen müssen. Wenn wir uns diese Zeit auch noch verplanen, nehmen wir uns unsere Kreativität und Innovativität.«*[16]

Im Büro und unseren Meetings bleibt uns gar keine Zeit, um auf wirklich bedeutsame Gedanken zu stoßen. Die Stunden, die uns vom Tag übrig bleiben, wollen wir dann doch noch mit anderen Themen füllen. Damit wird die Zugfahrt zu einer lang gezogenen Toilettenpause und zur ruhigen Schwester des stressigen Inlandsfluges.

Wenn wir mit Kollegen reisen, wird sie zum rollenden Teambuilding-Event mit integrierter, natürlich komplett zwangloser Brainstorming-Session.

Fahren wir dagegen mit der Chefin persönlich, nun ja, wird aus dem Elevator Pitch ein Vortrag, den wir ohne jegliche Vorbereitung in zwei Stunden genussvoll darlegen können.

An Gründen mangelt es also nicht, dass die Züge mit praktischen Tischen ausgestattet sind, wo wir unsere Serien gucken oder Games zocken dürfen, während wir die Immunität eines hart arbeitenden Mitglieds der Gesellschaft genießen. Der Zug kann durchaus ein funktionierendes Büro darstellen. Wir dürfen es aber auf keinen Fall damit übertreiben. Eine großartige Pause wie eine Zugreise kriegen wir sonst viel zu selten in unserem durchgeplanten Alltag. Das sollten wir wertschätzen und den Laptop bei der nächsten Geschäftsreise einfach mal neben dem Handy in der Tasche stecken lassen. Anderen Menschen ein schlechtes Gewissen zu machen, während wir selbst uns belügen, können wir ja anderen überlassen.

Dann tun wir nichts anderes mehr, als aus dem Fenster zu schauen. Stundenlang unsere Gedanken kreisen zu lassen und gelegentlich kurze Notizen zu machen. Von einer solchen Zugfahrt werden wir am Ende mit Sicherheit mehr mitnehmen, als eine fertige PowerPoint-Präsentation jemals wert sein könnte.

Urlaub ohne Flieger

Fliegen ist schlecht, das hört man mittlerweile überall. Nur, Hand aufs Herz: Wozu leben wir auf der Welt, wenn wir sie uns nicht ansehen! Nicht immer werden wir selbst oder unsere Mitreisenden zufrieden sein, wenn wir den hart erarbeiteten Jahresurlaub an der mecklenburgischen Seenplatte verbringen wollen. Es folgen eine Handvoll Anregungen für einen ganz normalen Urlaub: Zwei Wochen Zeit, niedriges Budget, möglicherweise sogar mit Kindern. Und das im Ausland, aber ohne Flieger.

In einem halben Tag ans Mittelmeer

Von wegen, Zugreisen seien unmöglich lang und überteuer! Wer rechtzeitig bucht, bekommt günstige Tickets und trinkt am Tagesende schon einen Espresso auf der Piazza. Eine spontane Suche mit einer Reisesuchmaschine zeigt: Von Leipzig gehts für gerade mal 45 Euro in die italienische Studentenstadt Bologna. Reisezeit: Zehn Stunden und 30 Minuten. Wenn wir also um kurz vor zehn Uhr morgens losfahren, sind wir schon um acht Uhr abends da.

Mit dem Flieger wären wir zwar in vier Stunden dort, dafür müssen wir aber auch erst an einen Flughafen außerhalb der Stadt fahren, dort lange warten, uns inspizieren lassen und am Zielort noch mal vom Flughafen in die Stadt. Die Nettozeit beim Flug liegt immer noch einmal ein bis zwei Stunden höher. In diesem Fall sind es im beim Flug netto immerhin sieben und auf der Schiene zehn Stunden. Mit dem Zug aber kommen wir direkt im Stadtzentrum an und wir könnten dann direkt weiter nach Rimini.

Nur wäre das viel zu schade, bloß damit wir später einmal sagen können, dass wir die Reise in einem halben Tag geschafft haben. Stattdessen gehen wir eine Pizza essen und schlafen im Anschluss eine Nacht lang unseren Rotwein aus. Am nächsten Morgen stehen wir vormittags auf, trinken einen guten Espresso und erreichen in etwas weniger als einer Stunde mit dem Zug den Strand von Rimini. Direkt am Mittelmeer.

Reservier uns schon mal einen Platz im Pub heute Abend

Es geht nach London! Die Weltstadt ist bekannt für ihre kostenfreien Museen, visionären Theater und legendären Pubs. Außerdem beherbergt sie einige der besten Clubs Europas.

Wenn wir etwas Ruhe brauchen, können wir im Umland süße Kleinstädte wie Stratford-upon-Avon entdecken oder ans Meer, um eine paar ultrafettige Fish & Chips zu genießen. Auch die britische Insel selbst erreichen wir ohne Flieger, schließlich führt ein Tunnel vom französischen Calais zum britischen Dover. Die Reise nach London schaffen wir mit dem Zug von Leipzig in zehn Stunden ab 70 Euro.

Nordische Meeresluft im Handumdrehen

Mit Kindern in den Urlaub, das heißt: Anfahrtswege möglichst kurz halten. Gefühlt wird schon beim ersten Abbiegen gefragt, »Wann sind wir endlich da?« Dem entgegenzuwirken fällt einem Menschen mit kluger Reiseplanung leicht.

Wohl kein Reiseziel im nahen Ausland ist so süß und familientauglich wie Dänemark. Dort mieten wir uns eins dieser kuscheligen Ferienhäusern am Meer und alle sind happy. Mit dem Bus sind es von Leipzig aus elf Stunden und 28 Euro pro Kopf nach Kopenhagen, von dort kommen wir innerhalb einer halben Stunde weiter in die Provinz. Trick für die Kinder: Früh losfahren und Kamillentee verabreichen, ein natürliches Schlafmittel.

Surfin' EU in nur einem Tag

Wollen wir unsere Instagram-Community mal wieder mit richtig geilen Surfbildern füttern? Schade, dass Bali ausscheidet, denn ohne Flug ist das dann doch etwas zu heftig. Frankreichs Westküste liegt direkt am Atlantik und schlägt derart heftige Wellen, dass unser Neoprenanzug allein beim Anblick nass werden wird.

Und, richtig. Anreisen geht viel schneller und günstiger als nach Bali. Außerdem haben wir die ganze Zeit LTE und fahren durch Paris. Lass uns die Reise doch einfach mit einem Zwischenstopp bei Croissant und Macarons abfedern! Mit dem Bus von Leipzig nach Paris, dann über Rennes weiter nach Brest in insgesamt 24 Stunden ab insgesamt 70 Euro.

Erholen in Polen

Morgens um zehn am Leipziger Bahnhof einsteigen und schon um 16 Uhr gerade einmal 35 Euro ärmer wieder aussteigen: in Posen, einer unterschätzten Stadt in einem ohnehin schon gnadenlos unterbewerteten Reiseland. Erstmal Pierogi , gefüllte Teigtaschen, essen gehen und später in einer Bar landen, in der Bier und Schnaps nur einen Euro kosten. Dort interpretieren wir an der Karaoke-Station so lange Modern-Talking-Songs, bis wir rausfliegen.

Am nächsten Tag gleich nach dem Frühstück ins Nationalmuseum und dort sattsehen, anschließend an den Maltasee (mitten in der Stadt) und dort nach ein paar Pommes baden gehen. Am Abend erkundigen wir das Jeżyce-Viertel und sehen uns ein bisschen Kunst an oder trinken einfach noch ein paar Wodka.

Schlafend
ans Ziel

Träume führen uns manchmal in ferne Fantasiewelten, viel zu oft aber an die Orte unserer Kindheit. Im Schlafabteil dagegen werden Träume wahr, die wir uns selbst ausgedacht haben. Reisen im Schlafwagen waren einmal eine luxuriöse Angelegenheit. Um die Mitte des 19. Jahrhunderts wurden in den USA die ersten Schlafwagen entwickelt und schließlich vom Unternehmer George Pullman berühmt gemacht. Ein Amerika-Reisender mit dem Namen Georges Nagelmackers fand die Idee so großartig, dass er sie zurück nach Europa brachte und 1872 in seinem Heimatland Belgien die internationale Schlafwagengesellschaft gründete. Bereits 1873 ging der erste Schlafwagen in Berlin an den Start, später entwickelte das Unternehmen unter anderem die legendären Wagen für den Orient-Express. Bereits vor dem Schlafwagen konnte man sich unterwegs zur Ruhe legen, dafür mussten allerdings erstmal die Sitze umgeklappt werden. Ausgerechnet diese Erfindung, der Liegewagen, setzte sich bis heute durch.

Echte Schlafwagen, praktisch rollende Hotelzimmer, gibt es in einfachen Ausführungen mit Gemeinschaftsbad oder in der Highend-Variante mit eigenem Badezimmer und der Möglichkeit, einen zweiten Raum zur Suite zu erschließen. Die Deutsche Bahn hat den Betrieb von Nachtzügen Ende 2016 eingestellt und die Wagen verkauft. In Osteuropa fand man Abnehmer, die neuesten Modelle wurden aber von der Österreichischen Bundesbahn übernommen.

Pläne europäischer Bahnunternehmen, darunter auch der Deutschen Bahn, sehen jedoch vor, dass zwischen 2021 und 2024 unter dem Namen Trans-Europ-Express wieder Nachtzüge zwischen europäischen Metropolen wie Zürich und Barcelona eingeführt werden sollen.

Auf Nachtzugfahrten nehmen wir einen unschätzbaren Vorteil mit: Wir erreichen unser Ziel schlafend und sparen uns damit obendrein noch eine Hotelübernachtung.

Der Komfort eines Hotelbettes oder ein Bad werden Reisende dort allerdings vermissen. Vergleichbar ist eine Fahrt im Schlafwagen eher mit einem Campingurlaub, nur dass wir nicht am Stadtrand, sondern mitten im Zentrum aufwachen. Diese Strapazen auf sich zu nehmen, wird dabei immer wieder mit großartigen Erlebnissen belohnt. Auf einer Fahrt von Budapest über Prag nach Dresden habe ich einmal mit einem Amerikaner und einem Engländer die halbe Nacht über die Schönheit Europas reden können und dabei Whiskey und Chips geteilt. Als die Sonne aufging, waren wir fast da und ich konnte ihnen zeigen, wo ich schon als Kind über die Felsen gelaufen bin, die sich im Elbsandsteingebirge kurz vor Dresden auftun.

Auf einer anderen Fahrt haben Anna und ich zwei Amerikanerinnen Unterschlupf geboten, die meinten, dass sie nicht wussten, dass man spezielle Tickets für den Schlafwagen braucht. Bevor der Schaffner die beiden rauswerfen konnte, steckten wir ihnen, dass sie einfach in 20 Minuten aus dem Sitzabteil zurückkehren sollten, wenn die Luft wieder rein ist. So konnten die beiden noch etwas Schlaf bekommen, bevor sie den alten Kontinent weiter entdecken. Wir fahren den Schlafwagen nicht wegen seines Komforts. Um ehrlich zu sein, nutzen wir ihn noch nicht einmal hauptsächlich zum Schlafen. Es sind die zwischenmenschlichen Erlebnisse, die sich daraus ergeben, dass wir zu viert oder zu sechst in einer Kabine zusammengewürfelt werden. Damit das Ganze möglichst glatt über die Bühne geht, hier eine Reihe von Tipps für eine gute Schlafwagenfahrt.

Unbedingt was zum Teilen einpacken

Soziale Momente ergeben sich wie von selbst, wenn wir einen kleinen Snack anbieten können. Mit Chips und Bier oder einer Flasche Wein kommt selbst der stummste Mitfahrer ins Gespräch. Außerdem werden wir uns selbst dankbar sein, wenn der Schlaf nach einem beherzten Schluck Wodka seliger verläuft als erwartet. Seien wir großherzig und offen.

Den Mitfahrenden Raum geben

Nicht alle Mitfahrenden werden auf der gleichen Wellenlänge sein. Finden wir zum Beispiel heraus, dass in der Kabine neben uns noch lange gelacht wird und dort eine alte Dame bereits dabei ist, sich in den Schlaf zu weinen, sollten wir beweisen, was für ein guter Mensch wir sind. Bieten wir ihr einen Tausch an: unsere langweilige Kabine gegen ihr Partyabteil. Für den Fall, dass wir von Menschen umgeben sind, die einfach nur ihre Ruhe haben wollen, dann müssen wir das wohl oder übel akzeptieren. Können wir partout nicht schlafen, versuchen wir dann eben, den Gang zu erkunden. Mit Sicherheit werden wir dort Gleichgesinnte finden, mit denen wir noch ein wenig plaudern können.

Mitreisende ansprechen

Fragen wir unsere Schlafbuddies, wo sie herkommen und wo sie hinfahren. Warum sie überhaupt reisen und was ihre Freunde oder Kollegen dazu sagen, dass sie diese Art von Fortbewegung nutzen. Als dieses Buch geschrieben wurde, waren Schlafwagen ein Nischenphänomen, das seine beste Zeit hinter sich hat. Sollte sich das nach dem Druck nicht schlagartig verändert haben, werden wir im Schlafwagen weiterhin jede Menge Lebenskünstler, Exzentriker und Sparfüchse treffen. Aber auch: arme Menschen oder Geschäftsreisende mit Flugangst.

Den Mund aufmachen, wenn etwas stört

Einmal bin ich mit einem Mann gefahren, der neben mir plötzlich anfing, seine Salami auszupacken und sie genüsslich schmatzend zu essen. Der Geruch bohrte sich mir in die Nase ein. Als ich dachte, es kann nicht noch schlimmer werden, fing er auch noch an, zu telefonieren. Sehr, sehr laut zu telefonieren.

Irgendwann platzte mir der Kragen und ich stupste ihn vorsichtig an: »Sorry, could you please ...«, sagte ich mit einem Gesichtsausdruck, der zu gleichen Teilen von Angst und von Wut geprägt war. Zu meiner Überraschung entschuldigte sich der Mann sofort und sprach noch zwei Minuten länger im Flur und war dann für den Rest der Fahrt seelenruhig. Vermutlich hatte er es darauf angelegt, einen Anlass zu bekommen, das Gespräch mit seiner Mutter endlich irgendwie beenden zu können. Wenn es gar nicht mehr geht mit unangenehmen Mitfahrenden – die Schaffner helfen! Und falls doch nicht: Einfach auf eigene Faust nach einem besseren Abteil suchen.

Ohrstöpsel nicht vergessen

Gut möglich, dass selbst wir irgendwann noch einmal vier, fünf Stunden Ruhe brauchen werden. Dabei wird uns auffallen, wie penetrant die Frau unter uns schnarcht und wir nervig laut der Typ gegenüber auf seinem Handy rumstupst.

Auf einem so engen Raum sollten wir keinen Konflikt riskieren. Wenn also ein freundliches Bitten nicht reicht, hilft nur eines: Ohrstöpsel. Die machen dich gegen alles Störende immun: Schnarchen, Fahrtgeräusche und Passkontrollen.

Hygieneartikel einpacken

Wir werden dankbar sein, wenn die Morgentoilette nicht von einem Fetzen alter Zeitung begleitet werden muss. Es empfiehlt sich, vernünftiges Papier dabeizuhaben. Am besten einen Packen feuchte WC-Tücher einpacken und noch mindestens eine Packung Taschentücher für die Mitfahrer. Sie werden uns das nie vergessen.

Außerdem lohnt es sich, Mundwasser mitzunehmen und eine kleine Flasche Wasser für den Fall aufzuheben, dass die Wasserversorgung im Zug mal wieder stockt. Möglicherweise werden wir auch glücklich sein, wenn wir unser Gesicht am Morgen mit etwas Seife und Feuchtigkeitscreme wiederherstellen können.

Genießen wir es!

Nach einem guten Dutzend Nachtzugfahrten kann ich versichern, dass so gut wie keine davon erholsam war, aber nur eine einzige wirklich unangenehm. Wie in so ziemlich allen Lebenslagen ist die Nachtzugfahrt das, was wir daraus machen. Wenn wir schlecht schlafen, denken wir daran, wie viel wir für eine Hotelnacht einsparen konnten und wie wir dieses Geld gleich am Morgen in einem teuren Café für ein opulentes Frühstück ausgeben können.

Wenn die Mitfahrer diesmal nicht unsere besten Freunde auf Zeit werden, sondern einfach nur von A nach B fahren wollen, können wir auch dankbar sein. Dankbar dafür, dass wir endlich mal wieder Zeit hatten, auf dem Handy unser Lieblingsalbum zum Einschlafen hören zu können.

In den allermeisten Fällen wird das nicht nötig sein, denn wir werden uns zurück in die besten Momente der Ferienlager unserer Kindheit katapultiert wiederfinden, wenn der Schaffner zur Ruhe ruft und wir kichernd und flüsternd weiter durch die Nacht rollen. Gemeinsam. Es ist keine Selbstverständlichkeit, dass wir die Möglichkeit haben, in einem Bett reisen zu dürfen. Und es wäre eine Schande, davon keinen Gebrauch zu machen.

Luxuriöse Züge sind was für Rentner

Gerade angekommen am Münchener Hauptbahnhof. Suche Gleis 23, der Nachtzug nach Budapest soll da warten. Merkwürdig leer ist der Bahnhof, dabei ist es gerade einmal 23 Uhr. Und da stehen sie, die beiden ungarischen Schaffner. Zu meiner Verunsicherung tragen sie Atemschutzmasken. Es ist März 2020. Als ich meine Reise gebucht habe, war das bloß eine Meldung in der Zeitung: In China hat sich ein gefährliches Virus ausgebreitet. Nun soll es bereits in Italien angekommen sein. Langsam wird uns allen hier klar: Das, was wir in China gesehen haben, abgeschlossene Städte und Menschen mit Masken, das könnte bald auch bei uns so sein.

Ich betrete den Schlafwagen. Die ungarischen Züge kenne ich bereits, denke ich, wunderschön und komfortabel sind sie auf den Fahrten zwischen Hamburg und Budapest über Dresden und Prag. Mit rotem Stoff überzogene, breite Sessel, Raucherlampen im Restaurant. Fast wie im Film! Hier sieht es eher aus wie Space Odyssee 2001. Naja, vielleicht doch eher auf der ISS. Weiße Plastikwände: sauber, aber nicht schön. Schwarze Glastüren und grelles Licht, damit bloß keine Gemütlichkeit aufkommt. Ich rechne damit, gleich in einer Röhre zu schlafen. Aber vor mir stehen noch massenhaft Leute, die ihre fetten Rollkoffer in die kleinen Kabinen hieven. Schlafen werde ich heute in einer Sechserkabine. Als echter Abenteurer, ich meine, als Sparfuchs, will ich mir das mal geben. Die Viererkabine hätte 20 Euro mehr gekostet.

Das gesparte Geld investiere ich lieber in Budapest, wo ich Freunde treffen will, die dort gerade eine Firma gegründet haben. Es handelt sich also fast schon um eine Geschäftsreise. Geschäftig geht es auch immer noch zu hier im Schlafwagen. Als Letzter darf ich den Raum betreten. Dunkel ist er und natürlich habe ich den Platz ganz oben bekommen.

Nicht mal umziehen kann ich mich, Bewegungen sind hier nicht möglich. Mit größter Vorsicht steige ich die Treppe hinauf und breite das Betttuch aus. Ein Typ unter mir trägt die Maske sogar zum Schlafen und schnarcht damit wie ein betrunkener Kosmonaut. Mich aber stört vielmehr, dass meine Schlafwagen-Mitbewohner ihre Koffer alle an mein Fußende gestellt haben. So kann ich mich noch nicht einmal ausstrecken. Ärger steigt in mir auf. Warum zum Teufel tu ich mir das hier an? Warum gibt es keine luxuriösen Schlafwagen? Was ist aus dem verdammten Orient-Express geworden?

Es gibt solche Wagen noch immer, sie sind so luxuriös wie ihre historischen Vorbilder. Während allerdings um die Jahrhundertwende vor allem wohlhabende Bürgerinnen und Bürger damit durch die USA und Europa oder bis nach Asien reisten, sind diese Angebote heute reine Touristensache. Wer sich dort spannende Mitreisende wie in Agatha Christies »Mord im Orient-Express« wünscht, wird bitter enttäuscht sein. Statt Diplomatinnen, Geschäftsleuten und attraktiven Gouvernanten treffen wir dort auf Dieter und Karla, die sich ihren Lebenstraum verwirklichen.

Daran ist wirklich nichts falsch. Als Rentner werde auch ich womöglich in die Transsibirische Eisenbahn steigen. Online buche ich die Fahrt in Absprache mit meiner Frau und decke mich bereits vorab mit russischer Literatur ein für die immerhin 16 Tage lange Fahrt. Im Zug gibt es ein privates Schlafzimmer und Duschkabinen. Es gibt drei Menüs am Tag und Wodka-Verkostungen. Jeden Tag hält der Zug irgendwo an und ein Reiseführer zeigt uns, was es in Omsk alles zu entdecken gibt. Um absolut nichts müssen wir uns auf dieser Fahrt kümmern.

Der Plan wurde vorab minutiös geplant von Profis, die sich auf die reiseromantischen Bedürfnisse von deutschen Rentnern spezialisiert haben. Am Ende werden wir von Peking aus, dem Ziel dieser Reise, wieder nach Deutschland geflogen. Eine solche Reise lässt sich ab 4.000 Euro buchen.[17]

Es ist ein wachsendes Geschäftsfeld: Der »Venice Simplon-Orient-Express« fährt seine Passagiere von London nach Venedig ab 2.200 oder von Paris bis nach Istanbul ab 15.000 Pfund.[18] Und der »African Explorer« fährt von Windhoek in Namibia nach Kapstadt in Südafrika für insgesamt knapp 6.000 Euro.[19] Mir würde auf diesen Fahrten mehr fehlen als nur mein Geld. Die Freiheit, auszusteigen, wann immer ich möchte, ist unbezahlbar. Teil einer luxuriösen Kaffeefahrt zu sein, mag für ältere Menschen attraktiv sein. Aber solange wir jung sind, sollten wir uns nicht darauf einlassen. Lassen wir uns eigene Pläne machen, Fehler hinnehmen und uns ein wenig vom Zufall treiben lassen! Gehen wir auf Reisen, solange wir noch nicht gezwungen sind, Urlaub zu machen.

Tatsächlich können wir auch jetzt bereits von Berlin nach Moskau fahren. In Eigenregie, unter 22 Stunden und ab 180 Euro: Die russische Staatsbahn bietet die Fahrten seit 2016 an. In einem Bericht über die Reise aus dem Jahr 2018 beschreibt der Autor Alexander Haneke in der FAZ die Fahrt als wenig romantisch.[20] Genau wie im ungarischen Zug weiß die Plastik-Ausstattung nicht zu verzücken. Touristen trifft er keine, dafür einen russischen Mann mit dem Namen Igor, der vor seinen weiblichen Familienmitgliedern im Zugabteil flieht. Der Autor schläft allein im Viererabteil und nachdem er seine Einsamkeit betrauert, findet er enorm viel Zeit für »unendliche Gedanken«, wie er es ausdrückt. Er zieht folgenden Schluss:

»Die Romantik des Bahnfahrens, das ist einer dieser Gedanken, hängt eben nicht vom Nostalgiefaktor der Züge ab – sondern von der Langsamkeit des Reisens.«

Alexander Haneke, Journalist FAZ

Angekommen in Moskau würden wir mit aller Sicherheit erst einmal in einem Hotel schlafen und tags darauf die Stadt erkunden. Am Bahnhof gibt es Tickets für die echte Transsibirische Eisenbahn. Die Fahrt nach Peking gibt es dort ab 644 Euro. Unglaublicherweise gibt es tatsächlich einen »Moskau-Nizza-Express«, perfekt für die Rückreise über einen südlichen Umweg. Er fährt jeden Donnerstag die 3300 Kilometer in 49 Stunden bis an die Côte d'Azur, und ein Ticket kostet 300 Euro.[21] Natürlich wird diese Fahrt weniger Komfort bieten. Wir werden uns womöglich ärgern über die Plastikabdeckungen und den schlechten Kaffee im Bordrestaurant. Die Bedienung wird uns beschämt anblicken, wenn es nur lieblichen Wein aus Moldawien gibt, statt eines teuren Tropfens aus Südafrika. Möglicherweise werden wir die Reise genau deswegen aber lieben.

Noch immer sitze ich in meinem Schlafwagen nach Budapest. Ich habe lange genug im Dunkeln auf dem Handy gelesen, endlich schlafe ich ein. Das gleichmäßige Schaukeln des Zuges und die Gleisgeräusche sind eine beruhigende Einschlafbegleitung. Als ich aufwache, hebt einer meiner Mitreisenden gerade seinen fetten Koffer an meinen Fußende herunter. Ich verabschiede mich nicht von ihm. Zu sauer bin ich noch immer, dass er seine übertrieben große Tasche in mein Bett gestellt hat. Die Sonne scheint bereits und der Schaffner, mittlerweile ohne Gesichtsmaske, verteilt Schoko-Croissants. Nach und nach steigen an verschiedenen ungarischen Orte alle Leute aus. Offenbar bin ich der Einzige, der in die Hauptstadt reist. Ich klettere hinab und entferne die Bettwäsche des untersten Betts, die Liege darüber klappe ich nach oben.

Ich mache es mir gemütlich, lehne mich an die Seite gegenüber dem Fenster und blicke auf die vielen Häuser, Schulhöfe und Industrieanlagen, die an mir vorbeiziehen. Die Sonne strahlt mich an. Ich verzeihe meinem Mitreisenden mit dem fetten Koffer innerlich, obwohl er schon längst weg ist. Ein bisschen Wehmut verspüre ich sogar, dass dann jetzt gleich gar niemand mehr hier ist. An den Virus, der hier überall kleben könnte, denke ich keine Sekunde mehr.

Vorfreude breitet sich stattdessen in mir aus: nur noch 20 Minuten! Ich beiße in mein Croissant und trinke einen Schluck aus einem Tetra-Pak-Orangennektar, den der Schaffner mir gerade noch gereicht hat. Das hier ist sicherlich kein Luxus. Aber ich bin glücklich und hoffe, dass diese Fahrt niemals endet.

Die einfachste
Art, zu reisen

»Wenn man
seine Ruhe nicht
in sich findet,
ist es zwecklos,
sie andernorts
zu suchen.«

François VI., Herzog von La Rochefoucauld,
französischer Schriftsteller und Moralist

Wir verlassen unsere Haustür mit allem, was man für einen Sonntag im Park benötigt: eine geschnittene Wassermelone, eine Decke und ein Brot, eine Thermoskanne mit Kaffee, ein bisschen Wasser und eine Flasche Weißwein. Es ist ein typischer Sonntagmorgen im Frühsommer, die Sonne versteckt sich noch hinter grauen Wolken. Nur wenige Menschen wagen sich überhaupt nach draußen. Wir laufen die Hauptstraße Richtung Osten entlang, stadtauswärts. Nach etwa 15 Minuten kommen wir erstmals vom uns bekannten Weg ab. Anna meint, den Park würden wir am besten erreichen, wenn wir diese Seitenstraße nehmen. Noch nie in unseren fünf Jahren in dieser Stadt sind wir dort gewesen, dabei ist er gerade einmal drei Kilometer von unserem Haus entfernt.

Heute soll es soweit sein. Abseits der Hauptstraße bietet sich für uns bereits die erste Überraschung. Dörfliche Strukturen bauen sich auf, kleine Häuschen mit überwucherten Vorgärten und eine Siedlung von Einfamilienhäusern wie in der Vorstadt liegen nur Minuten von uns entfernt, wo wir uns doch noch in einer Großstadt wähnen. Wir nehmen einen kleinen Trampelpfad, der in ein kleines Waldstück führt. Ein Schild, wohin der führt, ist nicht zu sehen, aber Anna ist bereits im Entdeckermodus und meint, »Die Himmelsrichtung stimmt ja.« Schmetterlinge fliegen über unseren Köpfen, die Sonne blinzelt durch die Baumkronen. An einer Lichtung entdecken wir das Eingangstor zu einer riesigen Kleingartensiedlung. Wir hören wieder Menschen, sehen können wir aber keine. Der Weg wird schmaler, wir laufen weiter. Vorbei an einem kleinen Sumpf, der in einen kleinen Urwald mit womöglich hundert Jahre alten Bäumen eingebettet ist. Die Stämme haben teils skurrile Formen, sie haben sich ihrem Umfeld angepasst.

Wo noch ein bisschen Sonne greifbar ist, strecken sich ihre Äste soweit es geht. Am Boden ragen fette überirdische Wurzeln dorthin, wo das Wasser ist. Wir laufen einmal um den Teich in der Mitte dieser Landschaft herum, bis wir einen kleinen Weg entdecken, der uns zu einem kleinen Platz führt, an dem wir unsere Decke ausbreiten. Keine Ahnung, ob das bereits der Park ist, in den wir ursprünglich einmal gehen wollten! Aber schöner als das hier wird er auch nicht sein, denken wir uns. Beinahe absolute Stille umgibt uns, nur fernes Gelächter von Kindern aus der Kleingartensiedlung.

Über unseren Köpfen klopft etwas gegen den Baum. Ein Specht verfeinert den Eingang zu seiner Behausung und zischt dann urplötzlich übers Wasser. Seine Partnerin schaut wie gebannt aus dem kleinen Baumloch, was ihr Gatte zu fangen kriegt. Wir beobachten, wie sie sich abwechseln.

Haben Spechte die besseren Ehen? Wir kichern und trinken einen Schluck Kaffee. Auf einmal taucht auf der anderen Seite ein Kind auf. Ein etwa fünfjähriges Mädchen mit dreckigem Gesicht und schmutziger Kleidung. Sie starrt uns an wie eine Wilde. Uns trennt eine Art Brücke, bestehend aus Hölzern und Stöcken sowie einer fetten Wurzel.

Womöglich gebaut von Bibern, wahrscheinlich aber eher von einer Bande Kiffer, die hier nachts kreativ geworden ist.

Wir sind unsicher, ob sie es wirklich wagen wird, das Stück zu überqueren. Ich blicke ihr tief in die Augen und schüttele den Kopf, wie um zu sagen: »Mach's nicht!« Ihr Blick in meine Augen ist von tiefer Entschlossenheit gezeichnet. Dann springt sie herunter, einen Meter von ihrer Erhebung kurz vor dem Wasser, auf einen großen Holzblock und hüpft sicher über das Holz bis hin zu uns. Als sie den kleinen Erdvorsprung hochgeklettert ist, baut sie sich vor uns auf und brüllt. »Ruaarrr!«

»Hallo! Und wer bist du?«, frage ich mit einem milden Lächeln. Nichts. Die kleine Wilde starrt mich an wie einen zivilisierten Menschen, zu dem sie als Aussätzige keinen Kontakt mehr aufbauen kann. Sie bleibt stehen und blickt auf die andere Seite, wo plötzlich ein noch jüngeres Mädchen auftaucht. Wir erkennen, dass sie zum gleichen Stamm gehören muss: Ihr Auftreten gleicht dem wilden Mädchen neben uns. Ihr Gesicht gezeichnet vom Leben in der Wildnis. Schwarze Streifen auf den Wangen und Risse in der Kleidung zeugen von einer harten Realität in der Natur. Vielleicht unter der Obhut von Wölfen? Eventuell Hauskatzen. Auch sie stellt sich an den kleinen Vorsprung vor der Biberbrücke, doch sie bleibt zunächst stehen.

»Clara, warte bitte mal!!!!!«, mischt sich eine Erwachsenenstimme in die Szene ein. Das jüngere Mädchen sieht uns fragend an, wir zucken mit den Schultern. Auf der anderen Seite erscheinen zwei große Frauen mit drei weiteren Kindern. Sie könnten die Stammesführerinnen seien, aber sie sehen nicht aus, als würden sie dazugehören. Ihre Kleider tragen keine Kampfspuren, die Gesichter sind fleckenlos.

Ohne Pause rufen sie kurze Sätze wie: »Sei vorsichtig!«, oder: »Tu das nicht!!!«

Das kleine Mädchen wollen sie nicht über das Wasser gehen sehen. Dann läuft sie los, den Fußstapfen ihrer älteren Schwester folgend. Vorsichtig tastet sie sich von Stock zu Stock. Erschrickt, als ein Baumstamm unter ihr leicht nachgibt, aber blickt weiter nach vorn. Ich lächele ihr zu. Sie erreicht unsere Seite und ihre Schwester reicht ihr die Hand, zieht sie zu uns hoch. Die Eltern auf der anderen Seite und die Kinder drehen ab, unerlässlich fordern sie die beiden Mädchen auf, bloß aufzupassen. Die verschwinden bereits im Wald. Wir legen uns ein wenig hin und beobachten weiter, wie das Licht des mittlerweile blauen Himmels durch die dichten Bäume drängt und wundern uns darüber, wie unglaublich viele kleine Tierchen um uns herum leben. Rechts von uns raschelt etwas im Gebüsch, links zischt es den Baum hoch. Und über uns zirpt irgendwas. Die wenigsten Tierchen können wir tatsächlich sehen. Entweder sind sie zu schnell für uns oder einfach ziemlich gut versteckt. Ein Blässhuhn badet sich theatralisch vor uns im Wasser, eine kleine Öffnung zwischen den Bäumen lässt einen Scheinwerfer auf es scheinen, während es auf dem Wasser tanzt. Wir fragen uns, ob es das jetzt für uns tut? Vielleicht ist das eine Probe für die Balz, denken wir, und applaudieren vorsichtig, um sein Selbstbewusstsein ein wenig zu pushen. Ist schließlich das Wichtigste. Beim Daten.

Und weiter liegen wir da, genießen das sanfte Naturspektakel, essen ein wenig von unserem Brot. Wie aus dem Nichts rennt ein Hund von hinten auf uns zu, springt an uns vorbei direkt ins Wasser. Dort nimmt er ein ausgiebiges Bad. Eine Frau erscheint hinter uns, sie hat eine Leine in der Hand und ruft in einem ähnlichen Ton wie die beiden anderen Frauen zu den wilden Mädchen: »Komm Harry. Komm!!« Er blickt sie traurig an und nimmt dann einen beherzten Sprung aus dem Wasser, rennt hoch, an uns vorbei. Und schüttelt sich dabei. Genau neben Anna. Einen schwarzen Streifen malt der Hund in ihr Gesicht. Ich lache laut. Schon habe ich selbst einen Klecks an der Hose. Jetzt wissen wir, wie schnell man zum Urwaldmenschen wird.

Unter Gelächter brechen wir unser Lager ab und ziehen weiter zu dem Park, den wir eigentlich erreichen wollten. Laufen vorbei an hunderten kleinen Hütten, die einer lateinamerikanischen Favela gleichen. Nur, dass hier gegrillt wird und Leute unablässig Bier trinken, während sie ihren Gartenschlauch in der Hand halten. Ein klassischer Stadtgarten ist der Stünzer Park, den wir dann irgendwann tatsächlich erreichen. Um einen kleinen Teich herum ist eine von Bäumen gesäumte Wiese angelegt, Wege sind mit Bänken bespickt. Wie aus dem Bilderbuch! Kinder rennen wild umher, Eltern versuchen sie wieder einzufangen. Es ist ein wenig wie in unserem kleinen Urwald, nur viel, viel langweiliger. Wir treffen Freunde und unterhalten uns ganz kurz mit ihnen. Dann verlassen wir den Park wieder. Vorbei an weiteren Gartenhaussiedlungen ziehen wir wieder Richtung unseres Zuhauses. Einfamilienhäuser stehen fein säuberlich aufgereiht auf der einen Seite, gleich den viel kleineren Hütten auf der anderen.

Und wir fragen uns, ob die Menschen in kleinen Gartenlauben und die Anwohner gegenüber eine gute Koexistenz führen. Oder sind es am Ende die gleichen Menschen? Nicht klar ist uns zudem, warum man sich überhaupt an so einen kleinen Garten binden würde?

Die ganzen Pflichten auf sich zu nehmen, das muss doch unendlich viel Zeit kosten. Wollen diese Leute gar nicht mal in den Urlaub fahren? Wer gießt dann all diese Pflanzen hier? Das kann man doch unmöglich den Nachbarn zumuten! Dann sehen wir, wie die Menschen dort sitzen, auf ihren weißen Plastikstühlen, gemeinsam am Grill und ganz offensichtlich glücklich in ihrem kleinen Reich. Genau wie die Menschen in Marokko.

Sie sind in ihrem Rückzugsort, umgeben von gehegten Pflänzchen. Wir glauben, dass wir die Romantik verstehen können. Wer das hier hat, der braucht gar keinen Urlaub mehr. Nur ein Stückchen weiter kommen wir vorbei an prächtigen Stadtvillen mit holzvertäfelten Verandas und sind erstaunt über all die Details an den Fassaden. Was hier wohl für Leute wohnen? Anna blickt neugierig auf die Namensschilder eines stolzen Bürgerhauses: Immerhin eine Wohngemeinschaft ist dabei. Wir fragen uns, wie es wäre, hier zu wohnen und noch mehr rätseln wir darüber, wo wir hier überhaupt sind. Nur wenige Meter weiter zeichnet sich ein großer Platz mit einer Kirche ab. Ihr stolzer Turm kommt uns bekannt vor, als wir näherkommen. Beim Erreichen ihres Vorplatzes stellen wir fest, dass wir jetzt nur noch anderthalb Kilometer von unserem eigenen Zuhause entfernt sind. Als wir wieder in unsere Straße einbiegen, scheint uns die Abendsonne ins Gesicht und wir lächeln uns gegenseitig an. »Ich liebe unser Leben hier«, sage ich und wir laufen auf das Licht zu.

Am Abend recherchiere ich, wo wir eigentlich waren und erfahre, dass unsere Altbausiedlung vor gerade einmal 130 Jahren gebaut worden ist. Vorher wurde hier noch dörfliche Landwirtschaft betrieben. Die übergebliebenen Dorfhäuser in Hinterhöfen zeugen davon.

Dort, wo heute Kleingartensiedlungen stehen und die Leute ihre Zucchini züchten, war früher ein wichtiges landwirtschaftliches Anbaugebiet für die Stadt Leipzig. Der Spazierweg, den wir meinten, gerade erst entdeckt zu haben, war bereits vor hundert Jahren beliebt. Von Pappeln gesäumt, hat er offenbar schon damals inspirierend gewirkt. Man nannte ihn den »Poetengang«.

Nicht immer werden wir weit reisen können. Es wird Jahre geben, da lässt es die Arbeit nicht zu, die Familie hat keine Zeit oder das Geld fehlt. Deswegen aber wäre ich niemals auf die Idee gekommen, nicht in Bewegung zu bleiben. In zahllosen Spaziergängen habe ich noch Jahre nach dem Einzug in meine derzeitige Heimat immer wieder zahllose neue Orte entdecken können. Manchmal sind aus kleinen Spaziergängen regelrechte Entdeckungsreisen geworden. Mir ist auf diesen Miniaturreisen deutlich geworden, dass sich die erhellenden Momente und das Glück wirklich überall einstellen können, und wenn es nur 800 Meter von der eigenen Haustür entfernt ist. Selbst bekannte Orte können mit einem anderen Zeitbudget auf einmal in komplett neuem Licht erscheinen. Die Wege, die wir vielleicht sonst nur vom Vorbeiziehen kennen, wenn wir mal wieder zur Arbeit rasen und dabei gar nicht seine Details beachten.

Der deutsche Autor Björn Kern hat 2019 ein Buch veröffentlicht, es heißt »Im Freien«.[22] Dort geht er noch einen Schritt weiter und unternimmt direkt vor seiner Haustür so etwas wie kleine Mutproben. Er nennt sie Mikroabenteuer. In einer seiner Geschichten verlässt er sein Haus im brandenburgischen Oderbruch spontan nach einer Folge Tatort und geht in den Wald. Mit dabei hat er sein Zelt und einen Gaskocher.

Nur wenige hundert Meter entfernt von seinem Haus über-
nachtet er und muss sich auf einmal komplett neuen Ängsten
stellen: vor wilden Tieren und vermeintlich mysteriösen Vor-
gängen im Wald. Er lernt viel über sich selbst, seine Grenzen
und wie weit er sie pushen kann. Außerdem macht er sich
Gedanken darüber, wo unser Platz als Mensch in der Natur
ist.[23] Es bringt ihn sogar dazu, sich selbst zu hinterfragen:

> *»Trip nach Porto? Hose aus Bangladesch? Neues iPhone?*
> *Was davon brauche ich wirklich? Und was ist nur zufällig*
> *gerade allenthalben präsent?«*

Vielleicht können uns Krisen, ganz egal ob Viren oder Finanznöte, auch auf das Wesentliche zurückführen. Dass eine gute Reise sich an ihrer Entfernung messen lasse, ist jedenfalls schnell widerlegt.

Die Änderung unseres Alltags beginnt in seinen Seitenstraßen. Sie kann buchstäblich vor unserer Nase liegen. Und dafür muss der Ort noch nicht einmal gewechselt werden! Wer Kinder einmal dabei beobachtet, wie sie immer wieder neue Abenteuer erleben, weiß, wie einfach es gehen kann. Einfach durch kleinste Modifikationen ihres Zimmers oder im Garten. Schon ein simples Kostüm, die selbstgebaute Höhle in einer Kiste oder eine kleine Burg aus Sofakissen ändert für sie mit einem Schlag alles. Davon können wir lernen.

Eine Reise in die unmittelbare Nähe kann uns deswegen sogar noch mehr erhellen, als eine Fahrt, die uns erst einmal hunderte Kilometer weit weg führt: Sie regt uns an, uns mit den Menschen um uns herum und der Geschichte unseres Ortes, und damit auch mit unserer eigenen Biografie zu beschäftigen. Wenn man so will, kommen wir dem Motiv des sich-selbst-findens so vielleicht sogar noch schneller nah. Wer hätte das gedacht? Die Reise zum eigenen Ich: womöglich schneller zu Fuß als mit dem Flieger!

Wenn wir nicht mehr in den Flieger steigen, reduziert sich erst einmal die Auswahl an Zielen. Wie ein Kreis um uns herum, dessen Umfang schrumpft. Doch plötzlich poppen Ziele auf der Karte auf, von denen wir vorher noch gar nichts wussten. Nachbarländer werden sichtbar, andere Bundesländer, die wir immer noch nicht kennen.

Wir können mit dem Auto fahren oder dem Bus, das garantiert uns maximale Flexibilität. Weniger anstrengend geht's beim Bahnfahren, wo wir nichts tun müssen, als aus dem Fenster zu gucken.

Im Zug können wir auf einmal konzentriert denken. Wir haben ein festes Ziel vor uns, da die Gleise nur eine Richtung kennen. Mit dem Fahrrad zieht sich der Kreis noch einmal enger um uns zusammen. Wieder neue Orte, direkt vor den Toren der Stadt! Lassen wir auch das stehen, bleibt uns die Reise zu Fuß in die direkte Umgebung.

Vieles spricht dafür, dass die größten Überraschungen dort liegen, wo wir sonst vorbeifahren.

Nachwort

Ganz gleich, wie wir in Zukunft reisen, lass uns dabei immer zuallererst die Schönheit dieser Welt genießen. Dass wir dabei nicht immer alles richtig machen können, wird sich nie verhindern lassen. Aber wenn wir uns genug Zeit nehmen, uns auf einen Ort einzustellen und noch einmal so viel Zeit, um mit unserer Reise abzuschließen, können wir uns selbst reflektieren und werden es das nächste Mal möglicherweise etwas besser angehen. Ich glaube, wenn wir genussvoll langsam hinreisen und genauso gemächlich auch wieder zurück, finden wir genug Zeit, an uns zu arbeiten.

Immer wieder habe ich erst viel zu spät bemerkt, dass ich mich falsch verhalten habe und einige dieser Fehler auch ganz bewusst in diesem Buch verarbeitet. Ich denke an die Momente, an denen ich in rassistischen Stereotypen gedacht, Frauen objektifiziert und andere Kulturen nicht genügend Respekt entgegengebracht habe. Sicherlich wäre es falsch, so zu tun, als wäre das alles nie geschehen. Noch schlechter wäre es aber, nicht darüber zu reden und es dann nicht auch besser zu machen.

Auch ich bin nicht immer CO_2-neutral gereist, sondern immer wieder auch geflogen, habe Fähren genutzt und mich von Autofahrerinnen und Autofahrern mitnehmen lassen.

Deswegen ist es mir wichtig, andere Menschen nicht wegen ihrer Fortbewegung zu verurteilen, sondern Wege aufzuzeigen, die ihnen möglicherweise so noch nicht bekannt gewesen sind.

Ich hoffe, mit diesem Buch einen kleinen Beitrag dazu leisten zu können.

Vielleicht planst du jetzt deine nächste Reise? Wirf doch einen Blick auf die beiliegende Karte von Europa, dort sind Entfernungen und Reisezeiten mit dem Zug zu bekannten oder etwas weniger populären Orten in Nachbarländern eingezeichnet. Sie alle starten in Frankfurt am Main, da diese Stadt im Zweifelsfall von fast überall aus in Deutschland leicht zu erreichen ist.

Wenn du Großbritannien erkunden willst, wirst du möglicherweise überrascht sein, wie schnell, einfach und günstig du in London bist. Oder in Italien! Selbst Moskau hast du von Berlin aus in gerade einmal 20 Stunden erreicht. Die Transsibirische Eisenbahn könnte dich sechs Tage später von dort nach Peking weiterbringen. Die Welt ist so unglaublich groß, seien wir selbst großherzig zu ihr und allen unseren Mitmenschen.

Danksagungen

Einen unendlich großen Dank aussprechen möchte ich natürlich meiner Frau Anna. Mir ist bewusst, dass das hier als eine klischeehafte Erwähnung rüberkommen könnte, doch für mich ist sie der Schlüssel dieser Geschichte. Schließlich habe ich sie auf dem Weg an einen meiner Sehnsuchtsorte kennengelernt und dabei bemerkt, wie trügerisch eine Sehnsucht sein kann. Ohne, dass etwas an ihr falsch sein muss.

Meine Reisen werden in diesem Buch immer kürzer, bis wir einfach nur vor unsere Haustür treten und dabei feststellen, dass wir nie glücklicher waren. Aber nicht nur das, Anna hat mir auch in den Hintern getreten, als ich mich scheute, dieses Buch zu schreiben. Sie hat mir geraten, mir über das klar zu werden, was mich antreibt und einen vernünftigen Plan für die Arbeit an diesem Buch zu entwickeln, statt zu hoffen, dass ich das einfach so aus dem Ärmel schüttele.

Es gibt aber noch so viele weitere Menschen, denen ich danken möchte. Da wären meine Schwester, die mir, wie in der ersten Geschichte beschrieben, erstaunlich viel zugetraut und wichtige Vermittlungsarbeiten in der Familie übernommen hat. Dank gilt auch meinem Bruder Tom und meinem Vater, die mich zum Reisen inspiriert haben und meiner Mutter, die das alles überhaupt möglich gemacht hat. Nicht vergessen möchte ich meinen Testleserinnen und Testleser Katja Thömmes, Marie Fröhlich, Tasnim Rödder und Michael Nüske. Sie haben mir wertvollen Input gegeben und Mut gemacht, dieses Buch herauszugeben.

Vor einer Handvoll peinlicher Fehler bewahrt hat mich mein Lektor Jonathan Steinke, mit dem ich schon in vielen Projekten zuvor sehr gerne gearbeitet habe und mich glücklich schätzen würde, das auch in Zukunft tun zu dürfen. Das ergänzende Lektorat für die zweite Auflage übernahm Marianne Eppelt. Sie hat aus einem unterhaltsamen Buch ein beinahe fehlerfreies gemacht.

Für seine wundervollen Illustrationsarbeiten und die Beratung danken möchte ich Fabian Gampp, verantwortlich für das Cover und das Logo des Verlages Raz el Hanout, der eigens für dieses Buch gegründet wurde. Für die Illustrationen im Buch verantwortlich zeichnet sich der britische Künstler Ed J. Brown, mit dem ich ebenfalls bereits vorher gearbeitet habe. Er hat das Buch durch eine Übersetzungssoftware geschickt und dann Skizzen auf die ausgedruckten Seiten gezaubert, die diesem Buch einen Hauch Humor schenken.

Die Karte von Europa und einer Auswahl toller Reiseziele wurde von der begabten Leipziger Designerin Freya Schork erstellt. Wie wichtig diese großartigen Illustrationen für das Gesamtbild sind, merken wir aus meiner Sicht erst, wenn alles zusammenpasst und ein Gesamtkunstwerk bildet. Für die zweite Auflage hat die Leipziger Lektorin noch einmal ein weiteres Schlusslektorat unternommen, die mit unglaublicher Akribie noch einmal sehr viel verbessern konnte.

Weiteren Dank möchte ich an Freunde und Kollegen ausrichten, die mir geholfen, mich inspiriert oder beraten haben: Sophie Valentin, David Bochmann, Tina Zürner, Franziska Müller (Leipzig), Julia Walter, Dr. Lars Rose und Lukas Adolphi.

Über den Autor

Richard Kaufmann, geboren 1985 in Dresden, ist freier Werbetexter und Autor. In Amsterdam hat er einen Bachelor in internationalem Kommunikationsmanagement gemacht und 2014 nach vielen Jahren im Marketing bei verschiedenen Internet-Startups eine große Reise nach Iran unternommen.

Zurück in Berlin gründete er 2015 mit einer Reihe von Illustrator*innen, Journalist*innen und Freund*innen das transform Magazin, für das er die Chefredaktion und die Co-Geschäftsführung des Verlags übernahm. Heute lebt und arbeitet er in Leipzig.

Glossar

Autobahn, die

Eine furchtbare Erfindung aus der Nazizeit. Monotoner Ausblick. Für Geschwindigkeit ausgelegt. Möglichst meiden.

Berlin

Wer hier wohnt, muss eigentlich gar nicht mehr verreisen.

Bus, der

Gibt es in zwei Varianten: (1) Hippiebus oder Van. Den muss man selbst fahren ist aber dafür dann sehr unabhängig. (2) Der Reisebus fährt von selbst und ist eigentlich eine prima Möglichkeit, günstig und weit zu reisen. Es gibt allerdings gewaltige Nachteile: Unbequemlichkeit, mangelnde Bewegungsfreiheit, fehlendes Bordrestaurant und das Schlimmste: Der Ausblick ist in der Regel von anderen Bussen, Lastwagen und Autos bestimmt. Siehe: Autobahn.

Brüssel

Sollte mal die Hauptstadt Europas werden. Ist bekannt für Schokolade, Pommes und hochprozentiges Bier. Von Frankfurt am Main mit dem Zug in nur drei Stunden erreichbar.

China

Ist mit dem Zug von Berlin aus in etwas mehr als einer Woche erreichbar. Kombiniere dafür den Strizh nach Moskau und den Transsib Nr. 4 über die Mongolei.

Dänemark

Mit der Fähre von Rostock nach Gedser ist man schon in 2 Stunden dort.

Estland

Reisezeit von Berlin nach Tallinn mit dem Bus: 24 Stunden und 45 Minuten.

Fähre, die

Fortbewegungsmittel, um kurze Distanzen auf dem Wasser hinter uns zu lassen. Komfort in der Regel auf dem Niveau eines Billigfliegers. Unbedingt Wodka einpacken.

Flugzeug, das

Ein weiteres Fortbewegungsmittel. Auf den ersten Blick eine sehr günstige Wahl für die Reise. Für die niedrigen Preise muss man jedoch in Kauf nehmen, das Beste auf dem Weg zu verpassen. Möglichst meiden.

FOMO, die

Fear of missing out – das Gefühl etwas zu verpassen, weil es viel zu viele Möglichkeiten gibt. Eine Erfindung der Moderne. Lässt sich vermeiden, wenn man mit dem Zug reist.

Frankfurt

Gibt's gleich zweimal in Deutschland. Die Stadt am Main wird hier im Buch oft als Ausgangspunkt genannt, weil es dort einen riesigen Kopfbahnhof gibt und die Stadt ziemlich zentral gelegen ist. An manchen Stellen erfüllt diese Funktion aber auch Leipzig.

Frankreich

Paris ist eine wunderschöne Großstadt. und über Marseille kann man sogar innerhalb von 19 Stunden nach Algiers übersetzen.

Germany

Die Antwort auf die Frage in Hostels, from wo man sei. Unbedingt immer behaupten, man wohne in Berlin. Alles andere macht einen entweder uninteressant oder hinterlässt die Fragenden ratlos.

Globus, der

Sollte man unbedingt zu Hause haben, um Reisen vernünftig planen zu können. Für Flacherdler nicht zu gebrauchen.

Holland

Nachbarland. Möchte aber nicht mehr so genannt werden.

Interrail

Großartige Erfindung. Eine Art Flatrate-Ticket, mit dem man so viel bahnfahren kann wie man möchte. (interrail.eu) Auch durch mehrere Länder in Europa. Kommt im Buch nicht ein einziges Mal vor, trotzdem unbedingt in Betracht ziehen. Siehe auch: Reisesuchmaschinen.

Iran

Wird in manchen Fällen fälschlicherweise mit Artikel geschrieben. Nicht in diesem Buch. Einen Besuch wert ist Iran trotzdem.

Italien

Nicht umsonst eines der beliebtesten Reiseziele. Die Menschen dort können sehr gut kochen und sehen fantastisch aus. Mit dem Zug ist man von München aus nach nur acht Stunden in Mailand.

Japan

Land am anderen Ende der Welt. Tipp: Nach Jabel an der Mecklenburgischen Seenplatte. Geht deutlich schneller. Sushi gibt's auch: im Nachbarort Waren.

Kreislauf, der

Sollte man im Auge haben, wenn man in einigen fernen Ländern aus dem Wasserhahn trinkt oder Fleisch ist. Am besten beides meiden.

Kroatien

Land, das grob überschlagen zu 99 Prozent aus Mittelmeerküste besteht. Deswegen sind Touristen Hauptimportprodukt.

Landkarte, die

Braucht man streng genommen nicht mehr. Siehe: Smartphone.

Leipzig

Im achten Kapitel dieses Buchs dient die Stadt als Ausgangsort für mögliche Urlaubsreisen. Warum? Wohnort des Autors. Auf der beiliegenden Karte wiederum übernimmt Frankfurt am Main diese Funktion. Weil: noch zentraler, noch bessere Zugverbindungen.

London

Definitiv aufregender als Leipzig. Dafür auch mindestens zehnmal so teuer. Mit dem Zug von Leipzig in nur 10,5 Stunden erreichbar.

Mauretanien
Land in Afrika auf Höhe der Sahara südlich von Marokko.
Viel zu heiß. Kühler ist es in Magdeburg.

Niederlande
Sehr schönes Land in der unmittelbaren Nähe von Deutschland. Sehr kluge und auch große Leute.

Orient-Express, der
Mythoszug. Luxus, aber viel zu teuer. Trotzdem schön, dass
es ihn gibt. Ohne ihn hätten wir womöglich nicht all diese
romantischen Vorstellungen vom Zugfahren im Kopf.

Polen
Katastrophal unterschätztes Reiseziel. Großartige Land-
schaften, Meer, wunderschöne Städte. Wegen der Nazis
(siehe: Autobahn) haben Deutsche ein ungutes Gefühl, dort
hinzureisen. Zu Recht! Gerade deswegen sollten sie es aber
tun.

Quedlinburg
Ergebnis bei einer Suchmaschinenanfrage nach einem Ort
mit dem Anfangsbuchstaben Q. Mitten in Deutschland und
Welterbestadt, was auch immer das bedeuten mag.

Reisebuch, das
Auch bekannt als Reiseführer. Enthält wertvolle Tipps für
Übernachtungen, Restaurants, Karten und Weiterreisemög-
lichkeiten von Städten. Bekannte Verlage sind Lonely Planet
oder Stephan Loose, Trescher Verlag oder Reise Know-How.

Reisesuchmaschinen

Auf diesen Webseiten lassen sich auch lange, internationale Strecken mit dem Zug planen und buchen. Einfach den gegenwärtigen Ort und das Reiseziel eingeben. Dann auswählen, welches Verkehrsmittel man nutzen möchte. Beispiele sind: omio.com, rail.cc, thetrainline.com, rome2rio.com oder international-bahn.de

Rimini

Badeort in Italien. Das Mallorca des letzten Jahrhunderts. Mit dem Zug von Leipzig in 12 Stunden erreichbar.

Schlafwagen, der

Ein Teil eines Zuges, in dem Sitze hochgeklappt werden können und man sich dann auf langen Fahrten über die Nacht hinlegen kann. Eine fürstliche Art zu reisen, zumindest früher einmal. Trotz geringem Komfort ist man beim Aufwachen plötzlich irgendwo komplett anders.

Smartphone, das

Erhöht die Flexibilität ungemein. Menschen aus der Vergangenheit behaupten allerdings, man konnte früher auch ohne reisen.

Stuttgart

Stadt im Süden Deutschlands. Angeblich von Esoterikern übernommen. Falls man da einmal hinfahren sollte: Globus nicht vergessen.

Tibet

Angebliches Reiseziel. In Wirklichkeit sollten wir die Menschen dort in Ruhe lassen. Wer will schon beim Meditieren gestört werden? Alternative: Stuttgart.

Transsibirische Eisenbahn

Fährt von Moskau nach Peking. Gibt's einmal für Tausende Euro oder für ein paar Hundert, dafür ohne Fremdenführer.

Usbekistan

Reiseziel bei großem Zeitbudget. Ist sehr weit weg, aber immer noch leichter zu erreichen als die USA.

Wodka

Ein prima Einschlafmittel. Siehe: Schlafwagen.

Wien

Tolle Stadt! Portal nach Osteuropa, den Balkan und Italien.

X-Men

Eine Filmreihe, die Menschen sich im Flugzeug ansehen, damit die Zeit dort möglichst schnell vorbeigeht.

Y

Das ist der Buchstabe, bei dem man im Spiel »Stadt Land Fluss« immer ins Schwitzen kommt.

Zypern

Insel vor der Türkei und Griechenland. Mit dem Zug schlecht zu erreichen, dabei kommt man mit dem Zug in Europa bereits an alle Orte, die man wirklich sehen muss.

Quellen & Anmerkungen

1   Artikel zum Rifkrieg und dem Einsatz von Senfgas in Marokko, Reiner Wandler, taz vom 26. Januar 2020. https://taz.de/!1128814/

2   Hurrikan Katrina, USA 2006
    https://de.wikipedia.org/wiki/Hurrikan_Katrina

3   »Was ist Ihnen persönlich besonders wichtig, wenn Sie Urlaub machen?«, Umfrage zum Reiseverhalten der Deutschen, ADAC 2016.
    https://de.statista.com/statistik/daten/studie/534872/umfrage/wichtige-unternehmungen-der-deutschen-in-urlaubsreisen/

4   FUR Forschungsgemeinschaft Urlaub und Reisen e.V., Reiseanalyse 2019. https://reiseanalyse.de/wp-content/uploads/2019/03/RA2019_Erste-Ergebnisse_DE.pdf

5   Trailer »Himmel über der Wüste« (1990, Regie: Bernardo Bertolucci)
    https://www.youtube.com/watch?v=zDlU_u3ac9s

6   Julia Merlot, Spiegel Online, 19. September 2019.
    https://www.spiegel.de/wissenschaft/mensch/klimawandel-flugverkehr-weltweit-erzeugte-2018-mehr-co2-als-deutschland-a-1287582.html

7   »CO2-Fußabdruck meines Flugs berechnen«, bei atmosfair.
    https://www.atmosfair.de/de/kompensieren/flug/

8   CO2-Rechner des Umweltbundesamts.
    https://uba.co2-rechner.de/

9   Informationen zum Transasia Express Istanbul
    – Teheran, Blogeintrag bei »zugreiseblog.de«.
    https://www.zugreiseblog.de/transasia-express-mit-dem-zug-in-den-iran-reisen/

10	Das persische Neujahrsfest Nouruz in der Wikipedia https://de.wikipedia.org/wiki/Nouruz
11	Wikipedia: Liste der Länder nach der Anzahl an Verkehrstoten. https://de.wikipedia.org/wiki/
12	Die Bundeszentrale für politische Bildung zum iranischen Handel mit China, Mohammed Reza Farzanegan, 5. März 2020. https://www.bpb.de/internationales/ asien/iran/306088/irans-aussenhandel
13	Dan Kieran: Slow Travel. Die Kunst des langsamen Reisens, Heyne 2013. https://www.randomhouse.de/Taschenbuch/Slow-Travel/ Dan-Kieran/Heyne/e456167.rhd
14	Erfahrungsbericht zum Arbeiten in der Bahn, Thorsten Kolsch, Inside Bahn, 16. Juli 2017. https://inside.bahn.de/bahn-rollendes-buero/
15	Zum Begriff »Schreibtischtäter« in der Wikipedia. https://de.wikipedia.org/wiki/Schreibtisch%C3%A4ter
16	Artikel zum Arbeiten im Zug, Judith Henke, manager- magazin.de, 23. August 2018. https://www.manager-magazin.de/ unternehmen/artikel/pendler-tipps-fuer-berufspendler- mit-bahn-auto-oder-fahrrad-a-1224417-6.html
17	Tourismusangebot »African Explorer« Namibia–Südafrika. https://www.bahnurlaub.de/reisedetail195223.html
18	Tourismusangebot »Transsibirische Eisenbahn«. http://www.einmalimleben.com/einmalige-erlebnisse/ Legendaere-Zugreisen-20/reise/ Einmal-im-Leben-mit-der-Transsibirischen-Eisenbahn- fahren-11

19   Tourismusangebote für den Venice-Simplon-Orient-Express, zum Beispiel London-Venedig oder Paris-Istanbul. https://www.belmond.com/de/trains/europe/venice-simplon-orient-express/ oder https://www.bahn-nostalgiereisen.com/eisenbahn-romantik-reisen-im-venice-simplon-orient-express-und-grand-hibernian/eine-unvergessliche-reise-mit-dem-venice-simplon-orient-express/

20   Bericht von einer Fahrt mit dem »Strizh« der RZD von Berlin nach Moskau, Alexander Haneke, Frankfurter Allgemeine Zeitung, 13. Juni 2018. https://www.faz.net/aktuell/gesellschaft/was-erlebt-man-im-zug-von-berlin-nach-moskau-15638145.html

21   Reportage über den Moskau-Nizza-Express, Philipp Lemmerich, Deutschlandfunk Kultur, 5. Januar 2020. https://www.deutschlandfunkkultur.de/moskau-nizza-express-haus-auf-raedern.1076.de.html?dram:article_id=467009 Buchen: https://pulexpress.de/bahn/zug_moskau-nice-moskau

22   Björn Kern: Im Freien. Abenteuer vor der Tür, S. Fischer Paperback 2019. https://www.bjoernkern.de/buecher

23   Essay zu Bedürfnissen und dem bescheidenem Glück der Reise in die nahe Umgebung, Björn Kern, Spiegel Online, 9. November 2019. https://www.spiegel.de/reise/deutschland/essay-ueber-nachhaltigkeit-fliegen-versus-eine-nacht-im-wald-a-1294756.html

Verlag Raz el Hanout

Das Buch transportiert Inhalte auf eine sinnliche Weise, wie digitale Inhalte es nie können werden. Mit den Fingern spüren wir seine Papierfasern. Geschichte, die wir riechen können. Es ist ein bisschen, wie auf einem Markt voller Gewürze zu schlendern und dann etwas mit nach Hause bringen zu können, das unser Leben ein kleines Stückchen verändert.

Der Name dieses neuen Indie-Verlages geht zurück auf Ras el Hanout, eine nordafrikanische Gewürzmischung, deren Rezept in Familien immer wieder weitergegeben wurde. Übersetzt heißt es so viel wie »Das Beste des Ladens«. Es ist unser Anspruch, genau das in die Buchläden zu stellen.

Weitere Informationen im Web
razelhanout.de

Instagram
@razelhanoutverlag